Helga Gürtler

Kinder brauchen feste Regeln

Zickzackkurs macht Erziehung schwer

SÜDWEST

Inhalt

Vorwort 4

Auf Eltern muß man sich verlassen können 6

Auslachen oder Verspotten – kaum etwas tut Kindern so weh! 9
Drohungen sind in der Erziehung fehl am Platz! 11
Können Sie einen Fehler zugeben oder Kritik einstecken? 15
Haben Sie immer gute Laune? 17
Strenge Leitlinien für kleine Verkehrsteilnehmer 19
Nur wer seine eigenen Bedürfnisse zugibt, kann auch die der anderen respektieren 24
Kinder müssen wissen, daß sie Zärtlichkeiten auch ablehnen dürfen, ohne als unartig zu gelten 27

Ordnung, Sauberkeit und gutes Benehmen – ein Wunschtraum vieler Eltern 32

Wieviel Ordnung braucht ein Kind? 32
Wie sauber müssen Kinder sein? 36
Heißt Dankbarkeit nur „Dankeschön"? 39
Sind Sie zu Ihren Kindern so höflich wie zu Ihren Freunden? 42
Wie erklärt man einem Kind, was gutes Benehmen ist? 45
Restaurantbesuche ohne Schrecken 47

Kinder sind Grenzgänger zwischen Phantasie und Wirklichkeit 52

Einfach mal in eine andere Rolle schlüpfen! 54
Träume müssen sein… 57
Liebt Ihr Kind auch verbotene Spiele? 58
Wie erfahren Kinder, was Ehrlichkeit bedeutet? 59

Als Konsum-Kid wird man nicht geboren 66

Kinder im Einkaufsparadies 70
Zickzackkurs macht Leben schwer 73
Sagen Sie Ihren Kindern, warum Sie keine Waffen mögen? 75
Taschengeld für sinnlose Dinge – darf man so etwas erlauben? 80
Haben Sie ein Herz für Sammler? 83
Haben Sie eine Alternative zum Fernseher bereit? 86
Ärger mit Spielregeln – läßt sich das ändern? 90

Register 95

Literatur 96

Adressen, Bildnachweis 96

Vorwort

Brauchen Kinder feste Regeln?

Es ist wahr, Kinder brauchen feste Regeln, feste Leitlinien, an denen sie nach und nach lernen können, ihr Leben und Handeln auszurichten.
Aber was für welche?
Mit den Regeln, die wir Erwachsenen ihnen setzen, kommen Kinder oft nicht zurecht – und wir dann nicht mit den widerspenstigen Kindern. Woran liegt das – an den Kindern oder an den Regeln?

Ein kleines Kind wird durch noch so gründliche Verkehrserziehung nicht zum autogerechten Teilnehmer am Straßenverkehr.

Oft sind unsere Vorstellungen davon, wie wir die Kinder gern hätten, nicht mit dem vereinbar, was sie brauchen, wie sie sein können. Ein kleines Kind wird zum Beispiel durch noch so gründliche Verkehrserziehung nicht zu einem autogerechten Teilnehmer am Straßenverkehr. Es geht einfach nicht! Da wir die Kinder nicht ändern können, müssen wir, wenn wir sie besser schützen wollen, den Straßenverkehr und seine Regeln verändern.
Wer hätte seine Kinder nicht gern sauber, ordentlich, höflich, sparsam und friedfertig? Die Auseinandersetzungen um diese hehren Ziele vergiften den Familienfrieden, wären aber vermeidbar, wenn wir auf die Bedürfnisse der Kinder mehr achten würden als auf unsere Wunschvorstellungen und das mögliche Urteil anderer Leute. Was tue ich einem glücklichen Schmutzfinken an, wenn ich ihn ständig zur Sauberkeit anhalte? Darf ich einem begeisterten Spieler und Sammler durch meinen Ordnungsfimmel die Lebensfreude vermiesen?

Um wessen Bedürfnisse geht es, wenn ich dem Kind Regeln setze: um seine oder meine?

Das soll nicht heißen, daß ich nicht auch um meiner Bedürfnisse willen Kinder zur Rücksichtnahme anhalten darf. Dann soll ich aber auch ehrlich sein und die Sache so deklarieren, wie sie ist, und dem Kind nicht noch einreden, was ich da von ihm verlange, sei einzig zu seinem Besten! Wahrscheinlich hat man es mit Ihnen, als Sie noch klein waren, auch so gemacht. Ist das ein Grund? Wenn Sie weit zurücktauchen in Kindheitserinnerungen, werden

Sie doch noch wissen, wie unangenehm das für Sie war. Warum soll es Ihren Kindern nicht besser gehen als Ihnen damals?
Kinder kennen kleine Fluchten aus der Welt der Erwachsenen mit ihren starren Regeln. Sie entweichen ins Land der Phantasie, in dem Unsichtbares sichtbar, Unmögliches möglich ist. Aber auch damit machen sie uns leicht Angst. Müssen wir ihnen die Grenzen zwischen Phantasie und Realität rechtzeitig klarmachen, sie in die Welt der festen Regeln zurückholen? Zum Glück gelingt uns das meistens nicht. Zum Glück empfinden auch viele Erwachsene noch den Reiz dieser Grenzgängerei zwischen Phantasie und Wirklichkeit und spielen einfach mit. Ansonsten aber richten sich die meisten Kinder recht gut ein mit dem, was sie bei uns Erwachsenen vorfinden.

Wir müssen den Kindern unser Verhalten glaubhaft machen

Kinder werden so sparsam oder verschwenderisch, in ihren Wünschen so bescheiden oder maßlos, wie sie das in ihrer Umgebung erleben.

Wie sollen sie bescheiden bleiben, wenn sich die geballte Reklame über sie als Besitzer erheblicher Taschengeldsummen ergießt? Wie sollen sie anspruchslos sein angesichts in Geschäften bewußt in ihrer Augenhöhe aufgebauter süßer Träume?
Und wenn wir klagen, weil unsere Kinder ständig fernsehen wollen – haben sie das Fernsehen erfunden? Haben sie den Apparat angeschafft? Wenn sie ständig mit Waffen spielen – wie kommen sie nur auf so was?
Ich weiß, eine befriedigende Antwort auf die Ausgangsfrage ist das noch nicht. Wir können nicht alles laufen lassen, wie es läuft, weil es nun eben mal so ist. Aber Regeln werden unglaubwürdig, wenn die, die sie aufstellen, sich selbst nicht daran halten. Erst recht dann, wenn wir von Kindern ein Verhalten erwarten, das anders ist als das Übliche um sie herum, müssen wir ihnen unser eigenes Bemühen glaubhaft machen, in bestimmten Dingen gegen den Strom zu schwimmen.
Fragen wir uns also bei allem, was wir unseren Kindern abverlangen, zunächst einmal:

- Kann mein Kind sich so verhalten, wie ich es von ihm erwarte?
- Bekommt es ihm gut, sich danach zu richten?
- Um welche Bedürfnisse geht es da, um seine oder um meine?
- Halten wir, die wichtigsten Menschen in der Umgebung des Kindes, uns selbst an das, was wir von ihm erwarten?

Auf Eltern muß man sich verlassen können

Die dreijährige Anna hat schon einige schmerzhafte Erfahrungen mit Ärzten machen müssen. Deshalb schreit sie schon vorher laut, als wieder ein Arztbesuch ansteht. Die Mutter versucht, sie zu beruhigen. „Es wird bestimmt nicht wehtun, er will nur mal nachgucken." Dabei weiß sie genau, daß das nicht stimmt. Aber das Kind soll sich doch nicht so aufregen. Für den entscheidenden Moment wird ihr schon was einfallen.
Es gibt viele ähnliche Situationen – ob wir dem Kind verschweigen, daß wir abends weggehen wollen, damit es ruhig einschläft, ob wir ihm die Vorzüge eines Krankenhausaufenthaltes in rosigen Farben ausmalen, immer glauben wir, auch im Interesse des Kindes zu handeln, wollen ihm Angst und Aufregung ersparen.

Feste Regeln sind Leitlinien auf einem unbekannten Gelände – darum muß man sie mit Vernunft setzen und oft überprüfen. Kinder brauchen zwar feste Regeln – zweckmäßige Leitlinien –, aber sie übernehmen nur solche, an die sich die Erwachsenen konsequent selbst halten.

Aber das ist kurzsichtig. Kaum etwas kann für ein Kind schlimmer sein als die Erkenntnis, daß ihm die Menschen, auf die es angewiesen ist, wieder einmal etwas vorgemacht haben, daß es sich auf sie nicht verlassen kann, daß es im Grunde immer auf der Hut sein muß. So wird eine kurzzeitige, lautstarke und heftige, zweifellos nervenzerrende Auseinandersetzung ersetzt durch ein ständig vorhandenes, lauerndes Gefühl der Unsicherheit. Und außerdem nehmen wir dem Kind die Möglichkeit, sich auch mit den unangenehmen Seiten des Lebens aktiv auseinanderzusetzen, festzustellen, daß es manchmal auch einsichtig, mutig und stark sein kann. Mutig und stark wiederum kann es viel leichter werden, wenn es weiß, daß es sich auf die Eltern, die es begleiten, unbedingt verlassen kann.

Notlügen und Ausreden sind falsche Erziehungsmittel

Versichern Sie deshalb dem Kind niemals etwas, wovon Sie nicht selbst auch wirklich überzeugt sind. Sie dürfen ihm nicht versprechen, daß ihm nicht wehgetan wird, wenn ein Eingriff vorgenommen werden muß, Sie können aber versichern, daß es ihm eine gewisse Zeit danach dann besser gehen wird als vorher.

Kinder vertragen Wahrheiten weitaus besser als fein umschriebene Unwahrheiten oder gar Lügen.

Für andere Versprechen gilt das selbstverständlich auch. Sagen Sie nicht leichtfertig: „Mal sehen, vielleicht morgen“, nur um das drängende Kind loszuwerden, wenn Sie schon absehen können, daß es morgen wahrscheinlich auch nichts wird. Und wenn Sie fest versprechen, nächsten Sonntag in den Zirkus zu gehen, müssen Sie sicher sein, daß Sie das auch einhalten können. Belügen Sie das Kind auch nicht, wenn Sie bei einer Aufräumaktion etwas weggeworfen haben, was ihm wichtig war. Geben Sie Ihren Fehler zu, und drücken Sie sich um die Auseinandersetzung nicht herum.
Die meisten Eltern werden den Verdacht energisch von sich weisen, daß sie ihre Kinder belügen. Aber es ist auch eine Lüge, wenn Sie kurz vor Weihnachten das Leeressen des Tellers dadurch erreichen wollen, daß Sie behaupten, der Weihnachtsmann sähe zu und brächte sonst keine Geschenke. Es ist auch eine Lüge, wenn Sie die Debatte um das Mickey-Maus-Heft, das das Kind haben möchte, mit der falschen Behauptung erledigen, Sie hätten kein Geld dabei.
All dies sind freilich Forderungen, die keineswegs neu und im Grunde wohl auch allen Eltern klar sind. Sie erfordern nur im-

mer mal wieder eine kritische Überprüfung, ob das, was wir im Grunde wollen, und das, was wir wirklich tun, auch noch identisch ist. Eine andere Quelle häufiger kindlicher Verunsicherung wird viel leichter übersehen:
Wenn wir auf ein Kind reagieren, dann tun wir das nicht nur mit Worten und ganz bewußten Handlungen. Der Ton unserer Stimme, der Blick, die ganze begleitende Mimik und Gestik geben ihm zusätzliche Informationen, die wir selbst kaum bemerken. Und diese Informationen stimmen oft mit dem, was wir bewußt vorgeben, nicht überein. Altbekannt ist die Tatsache, daß ein Baby beim Trinken unruhig wird, wenn die Mutter beim Stillen in Eile ist. Denn sie gibt ihm einerseits Nahrung, sagt ihm aber andererseits: „Mach, daß du fertig wirst, ich muß weg!" Eltern, die in ständigem Zwist leben und von Scheidung reden, ihren Kindern aber weiterhin eine „heile Welt" vorzumachen versuchen, belasten sie damit oft viel mehr, als ließen sie sie, so gut das ihrem Alter entsprechend eben geht, an ihren Gefühlen teilhaben.

Eltern, die in ständigem Zwist leben, ihren Kindern aber eine „heile Welt" vormachen, belasten sie mehr, als wenn sie sie an ihren Gefühlen teilhaben lassen.

Manchmal zieht ein Kind, das einen solchen Konflikt spürt, aber nicht offen informiert wird, daraus den irrigen Schluß, es müsse an der schlimmen Situation selbst schuld sein und reagiert mit schweren seelischen Störungen. Nur offene und ehrliche Gespräche können dagegen schützen.

Ein Kind braucht eine Basis der Verläßlichkeit

Auch wenn uns ein Kind auf die Nerven geht, erweisen wir ihm oftmals einen schlechten Dienst, wenn wir das, so lange es irgend geht, zu verstecken suchen. Denn oft explodieren wir dann, wenn es nicht mehr geht, und die Plötzlichkeit unserer Explosion muß das Kind erschrecken, haben wir es doch durch unsere aufgesetzte Freundlichkeit vorher im unklaren gelassen.
Hierher gehört aber auch offene Ironie, die wegen ihrer Mehrdeutigkeit für jüngere Kinder besonders schwer erträglich ist. Warum müssen wir denn sagen: „Das hast du aber wieder fein hingekriegt!", wenn wir eigentlich herbe Kritik meinen?
Ich hoffe, es wird deutlich, was allen diesen Beispielen gemeinsam ist. Was ein Kind dringend braucht, ist eine Basis unbedingter Verläßlichkeit, von der aus es dann seine – teils angenehmen, teils auch unangenehmen – Erfahrungen machen kann. Ist so eine Basis da, kann auch viel Unangenehmes überstanden werden.

Auslachen oder Verspotten – kaum etwas tut Kindern so weh!

Eltern haben oft falsche Vorstellungen darüber, welche Erlebnisse Kinder schwer belasten und welche weniger.
Ich war vielleicht drei Jahre alt, als meine Mutter mich zum erstenmal allein zum Einkaufen in den einzigen Laden unserer Gegend schickte. Ganz genau beschrieb sie mir, was ich tun sollte – „...und dann gehst du in den Laden und sagst: Guten Tag, ich möchte ein Brot.“ Als ich den Laden betrat, war der – womit meine Mutter nicht gerechnet hatte – ziemlich voll. Davon unbeeindruckt, tat ich aber genau, was meine Mutter gesagt hatte. Die Klinke noch in der Hand, rief ich quer durch den Raum: „Guten Tag, ich möchte ein Brot.“ Alle fingen an zu lachen, am lautesten lachte die junge Verkäuferin. Ich weiß nicht mehr, wie es weiterging und wie ich wieder aus dem Laden gekommen bin. Aber noch jahrelang habe ich, wenn ich dort einkaufen mußte und diese Verkäuferin im Laden vorfand, mit eisigem Gesicht an ihr vorbeigesehen und nach der Inhaberin gefragt. Erst wenn die von hinten geholt wurde, habe ich meinen Wunsch vorgetragen und eingekauft. Die Kränkung saß so tief, daß ich sie nicht verzeihen konnte.

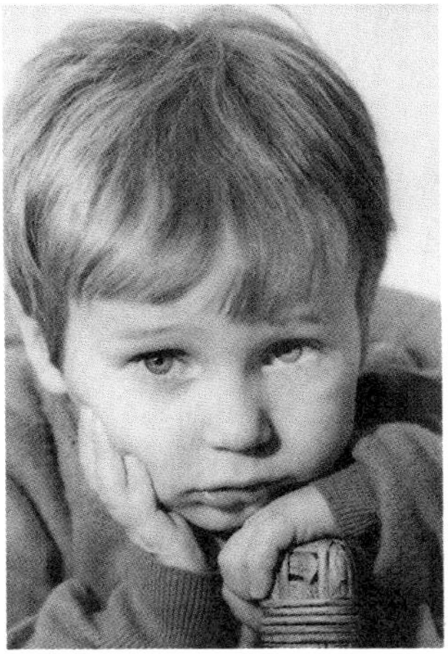

Erwachsene schätzen die „kränkbaren“ Stellen ihrer Kinder oft völlig falsch ein und ermessen den Kummer gar nicht, den sie dem Kind zugefügt haben.

Auslachen und Verspotten schmerzen sehr

Ich bin nicht mehr der Meinung, ich müsse wohl ein übertrieben empfindsames Kind gewesen sein. Vielmehr glaube ich, daß Erwachsene das, was Kinder kränkt, oft ganz falsch einschätzen. Ausgelacht oder verspottet zu werden, trifft die meisten viel mehr, als wenn ihnen zum Beispiel Schmerzen zugefügt werden müssen oder Versagungen abverlangt werden.
Erwachsene denken sich nichts dabei, Kinder „aufzuziehen“, finden deren heftige Reaktionen vielleicht drollig. Da fotografiert ein Vater lachend seine kleine Tochter, die sich zum Pipimachen hinter einen Busch gehockt hat. Ein anderer zieht seinem Sohn immer wieder die Hände vom Gesicht, hinter denen dieser Scham und Verwirrung verstecken möchte.
Auch von Spielkameraden gehänselt zu werden, ist allen Kindern eine schlimme Erfahrung. Deshalb versuchen sie oft, ängstlich alles zu vermeiden, was sie aus der Gruppe der anderen irgendwie hervorheben und Anlaß zum Spott geben könnte. Sie

Was würde ein Erwachsener sagen, der sich vor Kummer kaum zu helfen weiß, wenn ein Kind ihn mit einem „Ist doch halb so schlimm" zu beruhigen versuchte.

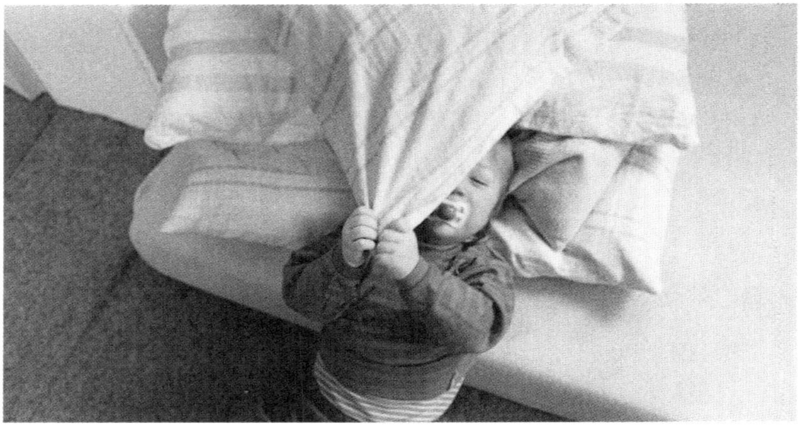

wollen keinen Mantel tragen, wenn alle anderen einen Anorak haben, setzen die Pudelmütze nicht mehr auf, die ein Spielkamerad doof fand.

Uns Erwachsene stört das oft, weil wir den Anlaß läppisch finden oder darin einen nicht akzeptablen Hang zur Konformität sehen. Dabei müssen wir aber berücksichtigen, daß Kinder, je kleiner sie sind, um so stärker in ihrem Selbstbewußtsein von äußeren Bedingungen abhängig sind. Sie brauchen die Achtung und Anerkennung der anderen, der Erwachsenen wie der Kinder, um ihrer selbst sicher zu werden. Sie schreiben sich selbst den Wert zu, der ihnen von anderen zugestanden wird. Ausgelacht, nicht ganz ernst, nicht ganz für voll genommen zu werden, trifft sie deshalb viel härter als Erwachsene, weil es das erst im Entstehen begriffene Selbstwertgefühl immer wieder ins Wanken bringt.

Es ist nicht nur bei belastenden Situationen wichtig, Kindern beizustehen

Erst wenn sie über Jahre Selbstsicherheit erworben haben, können sie so reagieren, wie wir das schon in zu jungen Jahren von ihnen erwarten: „Laß sie doch lachen, mach dir nichts draus".

Wir Eltern geben uns oft große Mühe, unseren Kindern beim Ertragen belastender Situationen beizustehen – wenn ein Geschwister geboren wird zum Beispiel, oder wenn auch nur ein Besuch beim Zahnarzt ansteht. Ich denke, wir sollten die gleiche – oder sogar noch mehr – Aufmerksamkeit darauf verwenden, ihnen vermeidbare Kränkungen zu ersparen, bei der Bewältigung der unvermeidbaren zu helfen. Dazu gehört, daß wir rücksichtsvoll nachfragen, aufmerksam zuhören, dem Kind nicht unsere Sicht der Dinge aufdrängen. „Das ist doch nicht so schlimm!“ ist keine Hilfe, wenn das Kind es als schlimm empfindet; wie schwer es sich getroffen fühlt, ist von seiner Sicht abhängig, nicht von unserer. Indem wir aber seinen Kummer um eine „Lappalie“ ernst nehmen, vermitteln wir ihm eine Wertschätzung, die geeignet ist, das lädierte Selbstwertgefühl zu reparieren.

Drohungen sind in der Erziehung fehl am Platz!

Die meisten Eltern werden den Verdacht, sie wendeten bei der Erziehung ihrer Kinder Gewalt an, empört von sich weisen. Schließlich schlagen sie die Kinder nicht, sperren sie auch nicht ein. Sie vernachlässigen oder mißbrauchen sie auch nicht. Trotzdem werden sie so manches Mal ihre Überlegenheit ausnutzen, um zum Beispiel einen Konflikt so zu lösen, wie sie das wollen. Und eben das verstehe ich unter Gewalt.
Da beendet eine Mutter den lautstarken Protest ihres Einjährigen, der lieber auf dem Spielplatz bleiben möchte, indem sie das Kind einfach aufhebt, in seinen Wagen setzt, angurtet und ab geht die Post! Zugegeben, kaum eine(r) wird völlig ohne Gewaltanwendung dieser Art auskommen, aber wie hilflos, wütend, ausgeliefert würden Sie sich vorkommen, wenn das einer mit Ihnen machte!
Ähnlich ist es, wenn Eltern ein Kind zwingen, etwas zu tun oder zu lassen, ob es den Sinn nun einsieht oder nicht. Der Stubenarrest ist Gewalt, die erzwungene Entschuldigung, das zur Strafe weggeschlossene Fahrrad, aber auch das erpresserische Angebot: „Tu, was ich dir sage, dann können wir über die neuen Schlittschuhe noch mal reden.“
Gewalt nenne ich es auch, wenn Eltern in Gesprächen mit ihren Kindern die eigenen Gedanken und Werturteile so sehr in den Vordergrund rücken, daß für die Gedanken der Kinder, für das Entstehen eigener Werthaltungen, die denen der Eltern zuwiderlaufen mögen, gar kein Raum bleibt, wenn sie die Gefühle und Motive ihrer Kinder interpretieren, ohne sie selbst zu Wort kommen zu lassen. „Ich weiß genau, was du denkst“ gehört da-

Selbst Eltern, die niemals zuschlagen, drohen ihren Kindern mit Ohrfeigen oder Prügel. Sie ahnen nicht, daß dies bereits Gewalt ist. Oder doch?

hin, auch: „ Das sagst du ja nur, um mich zu ärgern“ oder „Wie kann man nur so oberflächlich sein!“ Selbständigkeit und Selbstsicherheit können sich unter solchen Bedingungen schlecht entwickeln. Gewalt kann aber auch noch anders sein, kann sogar mit sanften, liebevollen Tönen daherkommen. Die gemeinste Form sanfter Gewaltanwendung, die ich kenne, ist die Drohung „Wenn du das tust, dann hab ich dich nicht mehr lieb!“ Je kleiner ein Kind ist, desto unabdingbarer ist es auf die Liebe und Fürsorge seiner Eltern angewiesen. Die Vorstellung, sie könnten es verlassen, löst existentielle Ängste aus. Dies auszunutzen, selbst wenn wir es noch so gut meinen, ist unvertretbar.

Für ältere Kinder hat diese Form Varianten. Die versteckte oder offene Drohung etwa, das Kind sei schuld, wenn es uns gesundheitlich schlecht gehe – das reicht vom vielsagenden Griff in die Herzgegend bis zu „Du ärgerst mich noch ins Grab“ oder „Du wirst schon sehen, wie das ist, wenn du ohne mich zurechtkommen mußt!“ Ich weiß, wie hilflos Eltern sich manchmal kindlichen Gemeinheiten gegenüber fühlen und wie groß die Versuchung ist, sie mit einem solchen Spruch zum Einlenken zu bringen – aber gesetzt den Fall, Ihnen stieße wirklich einmal etwas zu – wollen Sie ihr Kind mit einer solchen Gewissensbelastung herumlaufen lassen?

Kinder neigen oft ohnehin dazu, sich schuldig zu fühlen, auch da, wo sie es gar nicht sind. Wenn Eltern sich scheiden lassen,

Kinder fühlen sich sehr rasch schuldig, zumal wenn wir ihnen keine deutliche Erklärung geben. Dann sind sie unglücklich – aber die Ursache kennen Sie nicht.

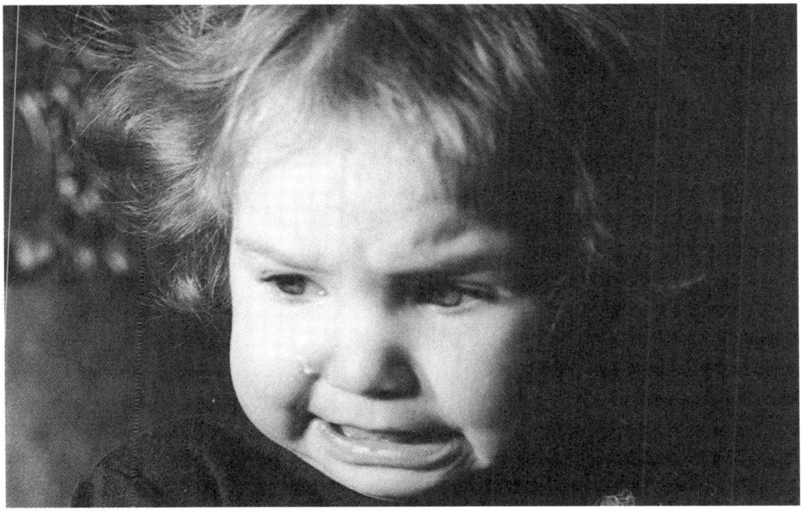

Was ein Kind nicht begreift, wovon es sich aber bedroht fühlt, macht es wütend. Es lehnt sich auf. Möchten wir statt dessen, daß es friedfertig alles schluckt?

zum Beispiel, finden Psychologen bei den betroffenen Kindern oft die geheime Angst, sie wären schuld daran, daß die Eltern sich nicht mehr vertragen.
Leise, aber in ihren Folgen nicht minder schwerwiegende Gewalt ist es auch, wenn ein Elternteil in einer zerstörten Partnerschaft es dem Kind zum Vorwurf macht, daß es auch den anderen noch lieb hat. Auch hier entstehen Schuldgefühle, das Kind muß seine eigenen Gefühle verraten, um die lebenswichtige Zuwendung nicht zu verlieren.

Kinder haben auch Angst vor ganz realen Dingen, z.B. vor der Zukunft, oder keine Arbeit zu finden

In allen diesen Beispielen nutzen Erwachsene ihre überlegene Position aus, um Druck auf die Handlungen, auf die Gedanken oder Gefühle ihrer Kinder auszuüben, die von ihnen abhängig sind. Ich behaupte nicht, daß das immer vermeidbar ist, ich unterstelle auch, daß wir dabei meist gute Absichten haben. Ich habe aber auch anzudeuten versucht, welche Auswirkungen das auf die betroffenen Kinder haben kann. Sie werden wütend und lehnen sich auf. Das ist die gesündeste Reaktion. Sie gehen vielleicht voller Skrupel und Ängste an andere Menschen heran, wagen nicht, ihnen offen und selbstbewußt zu begegnen. Oder sie lernen nicht, selbständig zu denken und zu urteilen, sich auch auf die eigenen Gedanken und Urteile zu verlassen. Lieber verlassen sie sich darauf, was andere ihnen vorgedacht haben, glauben, daß man besser fährt, wenn man den Mund hält und tut, was andere sagen. Und insgeheim hoffen sie dann, daß sie auf diese Weise am schnellsten eine Position erreichen, in der sie selbst dann die Mächtigen sind. Das ist auf kurze und enge Sicht wahrscheinlich sogar realistisch. Aber hier muß ich Sie auffordern, weiter und umfassender zu denken. Untersuchungen der letzten Zeit haben ergeben, daß sehr viele Kinder heute Angst vor der Zukunft haben – die Angst, keine Arbeit zu finden, Angst davor, daß alle Bäume sterben und das Wasser ungenießbar wird, Angst vor den gewaltigen Waffen, die sie töten und ihre Heimat unbewohnbar machen können. Sie fühlen sich von dieser gesellschaftlichen Gewalt bedroht. Dabei sind (nach uns) nur sie es, die dagegen noch etwas tun können. Aber dazu müs-

Wenn Kindern ein Mißgeschick passiert, sind wir mit Vorwürfen meist nicht zimperlich. Wenn Erwachsenen ein Mißgeschick widerfährt, möchten sie am liebsten getröstet werden.

sen sie selbstbewußt genug sein, sich nicht verängstigen zu lassen, stabil genug, Widerstand zu leisten, schöpferisch genug, gegen den Strich zu denken und alles anders machen zu wollen. Und dazu kann ich sie eben mit Gewalt nicht erziehen!

Können Sie einen Fehler zugeben oder Kritik einstecken?

Für sehr kleine Kinder sind Eltern allmächtig und unfehlbar. Sie können die Welt so einrichten, wie das Kind sie eben braucht. In ihrer Nähe kann ihnen nichts Böses widerfahren. Es ist schön, wenn ein Kind mit dieser absoluten Sicherheit sein Leben beginnen kann. Es ist auch ein schönes Gefühl für die Eltern, so unbedingtes Zutrauen zu erfahren.
Dieses Kind aber erkennt recht bald, daß auch Eltern Menschen sind, die nicht alles können, die Fehler machen. Und es hat auch Vorteile für die Eltern, nicht unfehlbar, nicht allmächtig sein zu müssen. Es ist überhaupt nicht ehrenrührig, auf viele der bohrenden „Warum-Fragen" zu antworten: „Das weiß ich nicht." Sie können Ihrem Kind vormachen, daß man Dinge, die es wissen möchte, gemeinsam erforschen oder nachschlagen kann. Es entlastet auch, sich zu einer Eselei, die man begangen hat, einfach zu bekennen.
Sagen Sie ruhig: „Da habe ich mich aber auch blöd angestellt", wenn Ihnen gerade ein Tablett mit Geschirr vom Tisch gekippt ist. Ich schätze, Ihr Kind wird Sie dann trösten, denn wie man sich fühlt, wenn man was Dummes gemacht und den Schaden verursacht hat, das weiß es recht genau. Und es fällt ihm dann beim nächsten Mal leichter, auch zu seinem Fehler zu stehen, nicht nach fünfundzwanzig Ausreden zu suchen. Eltern können Modelle sein für den Umgang mit Fehlern.
So weit ist es vielleicht noch relativ einfach. Was aber, wenn es Ihr Kind ist, das Ihnen erklärt: „Wie kann man sich auch so blöd anstellen!" Das ist schwer zu ertragen, nicht? Genauso fühlt sich Ihr Kind jedes Mal, wenn Sie ihm klarmachen, wie dumm, wie ungeschickt, wie unpassend es sich gerade benommen hat. Dabei haben wir Erwachsenen im allgemeinen noch ein recht stabiles Selbstbewußtsein, das durch gelegentliche Kritik nicht gleich ins Wanken gerät. Ein Kind trifft so etwas viel härter. Schon

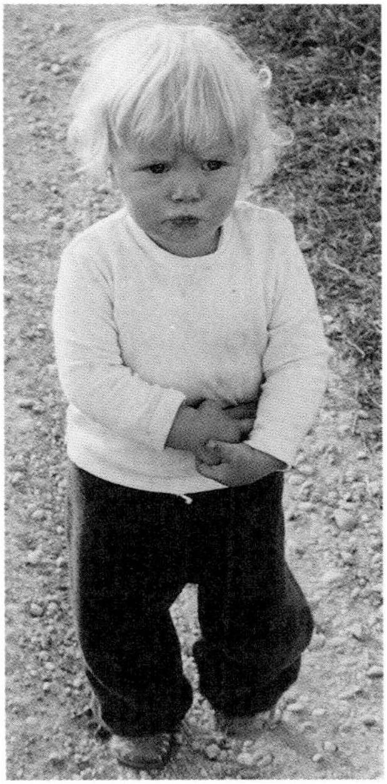

Erwachsene, die jede Ungerechtigkeit ohne Aufbegehren einstecken, haben den Ruf, Duckmäuser zu sein. Kinder, die einfach alles wegstecken, werden fälschlicherweise als „brav" bezeichnet.

deshalb müßten wir uns dieses Gefühl immer mal wieder selbst zumuten. Welche Form von Kritik kränkt mehr, welche weniger? Könnten wir daraus nicht Regeln für den Umgang mit Kindern ableiten?

Haben Sie Angst, bei Ihren Kindern an Respekt und Ansehen zu verlieren?

...wenn sie etwas besser können oder wissen als Sie? Was möchten Sie lieber sein – ein Mensch mit Fehlern, ein Mensch zum Liebhaben oder ein Idol in ständiger Gefahr, vom Sockel gekippt zu werden? Je mehr Sie im Umgang mit Ihren Kindern den Schein der grundsätzlichen Überlegenheit aufrechtzuerhalten versuchen, mit desto mehr Häme werden die Heranwachsenden Ihre unvermeidlichen Schwächen und Fehler bemerken. Die Zeit kindlicher Überlegenheit kommt sowieso – weil Kinder durch die Schule oder durch praktischen Gebrauch zum Beispiel an technischen Neuerungen viel dichter dran sind als wir.

Sich einfach mal zum Schmollen zurückziehen – dürfen Kinder das eigentlich nicht?

Warum sollen Sie sich nicht von Ihrer Tochter darüber belehren lassen, wie Sie mit dem Computer umgehen müssen – es fördert ihr Selbstwertgefühl. Kinder sind oft ausgesprochen scharfsichtige Kritiker. Sie sagen Ihnen, daß Sie in der neuen Hose „doof" aussehen oder daß Ihr ständiges lautes Lachen im Gespräch mit den Kollegen sich „albern" angehört hat. Es hält jung, sich immer wieder mit solcher Kritik auseinanderzusetzen, auch wenn es nicht gerade angenehm ist.
Oder macht es einen Unterschied, ob Eltern ihr Kind kritisieren oder ein Kind seine Eltern? Wieso?
Darf man von oben nach unten, aber nicht von unten nach oben kritisieren? Das wäre doch schlimm, wenn sich Ihr Sohn diese Regel für später merken würde. Soll er wirklich glauben, „die da oben" würden alles schon richten, ohne daß „wir da unten" ihnen sagen, wo es langzugehen hat? Soll er den Mund halten, wenn er etwas besser weiß als der Chef? Damit wären die meisten Chefs heute nicht mehr einverstanden, denn Duckmäuser sind nicht mehr so gefragt.
Allerdings wollen Chefs auch keine unkritischen „Motzer", die gegen alles sind, was von oben kommt, weil sie sich endlich stark genug fühlen, gegen Mächtige zu opponieren. Kinder, die von klein auf auch Kritisches äußern durften und damit ernstgenommen wurden, werden eher zu kritischen Mitdenkern, die kein Imponiergehabe von ihrer Meinung abbringen kann.

Es kann nicht immer jemand zur Stelle sein, der einem die Seelenlage zurechtrückt. Oft muß man das ganz allein tun.

Haben Sie immer gute Laune?

Die fünfjährige Saskia ist sauer. Irgend etwas ist ihr gegen den Strich gegangen. Ungeduldig zerrt sie an einem langen Schal, der sich in der Spielzeugkiste verheddert hat. Ein Aufheulen, ein Tritt gegen die Kiste, dann hockt sie auf dem Boden und hat überhaupt zu nichts mehr Lust. Die Mutter greift ein. „Was kann denn die Kiste dafür, daß du den Schal nicht herauskriegst? Du hättest ihn ordentlich zusammenlegen sollen.

Komm, jetzt müssen wir das Knäuel mit Geduld auseinanderziehen!“ Aber Saskia will nicht ziehen, sie hat auch keine Geduld. Sie will dasitzen und grollen. Und weil die Mutter nicht aufhört, auf sie einzureden, tritt sie schließlich heulend mit dem Fuß nach ihr und zischt etwas recht Ungebührliches durch die Zähne. Aber da wird die Mutter böse. Das geht entschieden zu weit, schlechte Laune an jemandem auszulassen, der nichts damit zu tun hat, der noch dazu helfen wollte!
Damit hat sie sicher recht. Aber hätte sie diese Entwicklung vermeiden können, wenn sie sich anders verhalten hätte?

Versuchen Sie bitte, sich in die umgekehrte Situation hineinzuversetzen: Ihnen ist etwas quergegangen. Sie sind gereizt und mißgelaunt. Da kommt jemand, der Ihnen deshalb auch noch Vorwürfe macht. Ob das Ihre Laune bessert? Ob Sie dadurch gleich in der Lage sind, einsichtsvoll einzulenken? Oder werden Sie nicht eher ärgerlich werden auf den, der sich da einmischt, anstatt Sie in Ruhe zu lassen?
Prüfen wir eine andere Möglichkeit:
Der Mutter tut die arme Saskia leid. Da sitzt sie an einem schönen Sonnentag und verdunkelt ihren Seelenhimmel mit finsteren Wolken. Die Mutter versucht, sie aufzuheitern und abzulenken, macht Vorschläge und Angebote. Als sie schließlich das lustige neue Bilderbuch vorliest, hat sie es geschafft – Saskia lacht wieder! Erfreulich für Saskia. Wenn das aber häufiger so läuft, wird Saskia sich wahrscheinlich daran gewöhnen, daß für ihre Seelenlage nicht sie selbst, sondern die Mutter zuständig ist. Die Mutter ist schuld, wenn sie mißgelaunt ist, die Mutter soll sie gefälligst wieder heiter stimmen! Sicher nicht gut für Saskia und anstrengend für die Mutter.

Eine gute Reaktion: Sie gehen aufmerksam auf das Kind und seine schlechte Laune ein

Und noch eine Möglichkeit: Die Mutter nimmt Saskias schlechte Laune zur Kenntnis. Sie will sie weder davon ablenken, noch macht sie ihr deswegen Vorwürfe. Sie sagt sich, das Kind hat sicher ein Problem, und seine schlechte Laune ist bestimmt ein Signal, sie darauf aufmerksam zu machen. Deshalb versucht sie, vorsichtig und mitfühlend auf die Tochter einzugehen: „Saskia, was ist los? Was hat dich so geärgert? War was im Kindergarten? Haben Debbi und Lukas dich nicht mitspielen lassen?"
Das ist sicher ein pädagogisch löblicher Ansatz. In vielen Fällen wird er auch an den Kern des Problems führen und dem Kind helfen, es zu lösen, weil es darüber sprechen kann.
Was aber nun, wenn Saskia einfach so schlechte Laune hat – ohne klar definierbares Problem? Darf man das nicht? Kommt das nicht bei jedem gelegentlich vor? Oder wenn sie über das, was sie geärgert hat, einfach nicht reden will? Dann wird sie das liebevolle Bohren der Mutter wahrscheinlich auch nur noch gereizter machen.
Deshalb möchte ich noch eine vierte Variante ins Spiel bringen: Die Mutter stellt fest, daß Saskia eine Laus über die Leber gelaufen ist. Sie fragt zwar mitfühlend nach der Ursache, akzep-

tiert aber das hingeknurrte: „Laß mich in Ruhe!“ Saskia will – und kann! – mit ihrer schlechten Laune allein fertig werden. Nicht zu allem braucht sie mütterliche Hilfe.
Und im übrigen soll auch keine Mutter glauben, in jedem Falle von kindlicher schlechter Laune zu einer „pädagogisch wertvollen“ Haltung verpflichtet zu sein. Das hält man einfach nicht durch! Auch Mütter sind nicht immer in der Lage, auf jede seelische Unebenheit ihres Kindes überlegt und gelassen einzugehen. Auch Mütter haben nicht immer gleich gute Laune. Wenn sie an ihren Kindern akzeptieren, daß gelegentliche schlechte Laune zum Menschsein gehört, können sie auch selbst von den Kindern Nachsicht für eigene Mißgestimmtheit erbitten. „Geh mir ein bißchen aus dem Wege, ich bin gereizt.“ Wenn sie sich das erlauben, anstatt sich ständig pädagogisch zu überfordern, vermeiden sie, daß sie ihre eigene schlechte Laune an den Kindern auslassen. Denn das stellten wir schon am Beispiel bei Saskia fest – das geht entschieden zu weit.

Daß ich in diesem Zusammenhang überhaupt nicht von Vätern rede, ist keine Nachlässigkeit. Ich glaube, daß sie sich für Derartiges nur äußerst selten zuständig fühlen. Sie verkomplizieren nur manchmal das Problem noch durch ihre eigenen Launen und Ansprüche.

Strenge Leitlinien für kleine Verkehrsteilnehmer

Es ist nicht zu ändern: Vor dem Betreten auch der harmlosesten Straße muß ein gut eingeübtes Ritual ablaufen. Jede Ausnahme wäre schädlich.

Zwar müssen wir mit unseren Kindern täglich im Straßenverkehr üben, aber Meister werden sie trotzdem nicht. Verkehrserziehung muß sich an manchen Stellen mit Methoden helfen, die sonst in der Erziehung verpönt sind, nämlich Dressur. Aber die Gefahren im Straßenverkehr sind zu groß, als daß man auf dieses Mittel verzichten könnte.

Eine Zweijährige trudelt fröhlich und weltvergessen den Bürgersteig entlang. Da läßt sie ein in scharfem Kommandoton ausgestoßenes „Halt!!“ kurz vor dem Betreten der Querstraße zur Salzsäule erstarren. Der Vater kommt heran, nimmt sie bei der Hand, erklärt ihr auch, vorläufig müsse sie jetzt weiter an der

Wer sagt eigentlich, daß es so richtig ist und immer so zu sein hat: Wir passen die Kinder dem Verkehr an – wann wird sich der Verkehr den Kindern anpassen?

Hand laufen, denn sie hätte fast wieder vergessen, am Bordstein anzuhalten und zu warten. Aus ist es mit der fröhlich-weltvergessenen Trudelei – schade! Böser Vater?

Auch in mir schlug jedes Mal das pädagogische Gewissen, wenn ich durch solche Methoden meine Kinder dazu brachte, selbst vor der harmlosesten, völlig unbefahrenen Straße wie gut dressierte Hunde stehenzubleiben. Aber es hatte den großen Vorteil, daß ich sie auf dem Bürgersteig recht unbesorgt laufen lassen konnte. Und ich würde es heute wieder genauso machen.

Häufig werden Kinder im Straßenverkehr von uns Erwachsenen überfordert

An jeder Straße, auch an der unbefahrenen, haben wir dann geübt, wie man sie gefahrlos überquert: Blick nach links, nach rechts, noch einmal kurz nach links (es könnte ja in der Zwischenzeit ein Auto aufgetaucht sein), dann los! Zunächst an der Hand, dann unter Aufsicht allein. Ausnahmen sollte es wirklich nicht geben. Wir Erwachsenen können unterscheiden, welche Straße gefährlich ist und welche nicht, das kleine Kind kann es nicht!

Eltern sollten sich auch nicht komisch vorkommen, wenn sie das Ausschau-Halten dem Kind zuliebe gehörig übertreiben

...wenn sie nicht nur die Augen, sondern den ganzen Oberkörper nach rechts und nach links drehen. So prägt sich die Bewegung besser ein. Außerdem haben Kinder ein viel kleineres Blickfeld als wir, können mit den Augen allein also viel weniger erfassen. Lebenswichtig kann dieses Übertreiben werden, wenn man einen „gaaanz" langen Hals macht, bevor man hinter einem parkenden Auto die Straße überquert. Vater und Mutter können ja vielleicht oben über das Auto wegsehen, das Kind kann es aber nicht! Noch an einer anderen Stelle finde ich striktes Gewöhnen sehr wichtig. Schon das ganz kleine Kind an der Hand oder im Wagen sollte lernen, daß zum Überqueren gefährlicher Straßen nur die Überwege oder ganz bestimmte, relativ sichere Stellen in Frage kommen. Sie selbst können es sich vielleicht leisten, einige Meter neben einem Zebrastreifen schnell mal über die Straße zu laufen – aber möchten Sie riskieren, daß Ihr Kind das eines Tages nachmacht? Und denken Sie dabei nicht nur an Ihr eigenes Risiko – allen Kindern zuliebe sollten wir uns im Verkehr noch disziplinierter verhalten, als zur eigenen Sicherheit notwendig ist.

Kinder müssen häufig üben, die Geschwindigkeit eines herannahenden Autos richtig einzuschätzen.

Zum Glück werden unsere Kinder bald größer, und wir können durch Erklären, durch einsichtiges Üben untermauern, was wir zunächst einmal mit Verbot und Dressur anfangen mußten. Daß man die Sache mit den roten und grünen Männchen an der Ampel frühzeitig und gründlich übt, ist wohl selbstverständlich. Als Spiel macht das manchmal noch mehr Spaß. Bei uns hieß das: „Bring mich mal nach Hause, ich bin dumm." Begeistert zogen mich meine Kinder über eine Kreuzung nach der anderen – hätten sie einen Fehler gemacht, hätte ich sie zurückgezogen.

Für viele Eltern ergibt sich mit dem Besuch des Kindergartens oder der Schule die Frage, ob sie ihrem Kind den Weg nun allein zutrauen sollen oder nicht. Das hängt nicht nur vom Kind, sondern auch von den Straßen ab, die zu überqueren sind.

Auf jeden Fall sollte der Weg genau abgesprochen werden – es sollte der sicherste, nicht unbedingt der kürzeste sein. Sind keine Überwege da, sollte gemeinsam geprüft werden, an welcher Stelle die Straße nach beiden Seiten so übersichtlich ist, daß sie leicht überquert werden kann. Gibt es an bestimmten Stellen

Schülerlotsen? Sollten Eltern gemeinsam einen Lotsendienst organisieren oder für die Errichtung einer Ampel streiten?

Eines müssen ältere Kinder, die allein gehen sollen, unbedingt häufig üben, weil es ihnen noch sehr schwer fällt: das Abschätzen der Geschwindigkeit eines herannahenden Fahrzeugs. Wie weit muß es noch weg sein, damit man gefahrlos gehen kann? Auch sollten Kinder lernen, am Zebrastreifen deutlich Zeichen zu geben und Blickkontakt mit einem herannahenden Autofahrer aufzunehmen, damit sie erkennen können, ob er sie wahrgenommen hat.
Kritisch ist oft auch die Frage, ob Kinder mit ihrem Fahrrad auf der Straße fahren sollten. Bis zu acht Jahren dürfen sie es nicht, bis zu zwölf Jahren werden sie vielerorts auf Bürgersteigen stillschweigend geduldet. Ich bin der Meinung, daß radfahrende Kinder grundsätzlich auf dem Bürgersteig fahren sollten, wenn keine Radwege vorhanden sind. Selbstverständlich müssen sie dort besonders rücksichtsvoll sein.
Und noch ein paar Worte zur Verkehrserziehung im eigenen Auto:

Fahrräder werden durch Gruppen erst richtig schön! Passanten sind da meist anderer Ansicht. Und Gruppen sind weniger rücksichtsbereit als einzelne Radfahrer. Trotzdem: Rücksicht muß sein.

Chauffierende Eltern sind ihren mitfahrenden Kindern Modelle für das Verhalten im Straßenverkehr

Fahren Sie umsichtig und rücksichtsvoll, und kommentieren Sie Ihr Verhalten und das der anderen auch für die Kinder – aber bitte nicht so: „Der Schwachkopf hat wohl seinen Führerschein in der Lotterie gewonnen!“ Machen Sie lieber darauf aufmerksam, wie schlecht ein dunkel gekleideter Fußgänger im Dunkeln zu erkennen ist, wie scharf man vor einem unbedacht über die Straße rennenden Kind bremsen muß, wie spät man jemanden sieht, der hinter einem parkenden Auto hervorkommt. Zeigen Sie ihnen auch die Verkehrszeichen, und üben Sie mit ihnen, was sie bedeuten.

Manch einer mag bei der ständigen Betonung der Gefahren, die Kindern im Straßenverkehr drohen, zu dem Schluß kommen, am besten hielte man sie so lange wie möglich ganz vom Verkehr fern. Das halte ich für falsch. Denn auch das folgsamste Kind rückt irgendwann einmal aus, macht sich, fasziniert von einem bestimmten Ziel, auf einen Weg, den wir es auf keinen Fall schon allein gehen lassen wollten. Hat es das sichere Verhalten im Verkehr schon lange geübt, ist die Gefahr, daß es dabei zu Schaden kommt, nicht ganz so groß. Aber während ich all dies aufschreibe, packt mich ein immer stärkeres Unbehagen. Was

Kinder lieben Risiken. Gefahr macht groß und wichtig. Im Straßenverkehr müssen Kinder eines lernen: Anpassung.

stellen wir alles an, um unsere Kinder für diesen oft unmenschlichen Verkehr abzurichten! Sicher, wir müssen sie schützen. Sie sollten aber doch nicht in dem Bewußtsein groß werden, dieser Verkehr sei etwas Unabdingbares. Wir Menschen sind schließlich nicht die Opfer dieses Verkehrs, wir machen ihn! Und unsere Kinder müssen von uns lernen, ihn so zu gestalten, daß nicht die Schwächsten unter uns zu seinen Opfern werden. Deshalb müssen sich gerade Eltern dafür engagieren, den Verkehr den Kindern, nicht immer nur die Kinder dem Verkehr anzupassen.

Nur wer seine eigenen Bedürfnisse zugibt, kann auch die der anderen respektieren

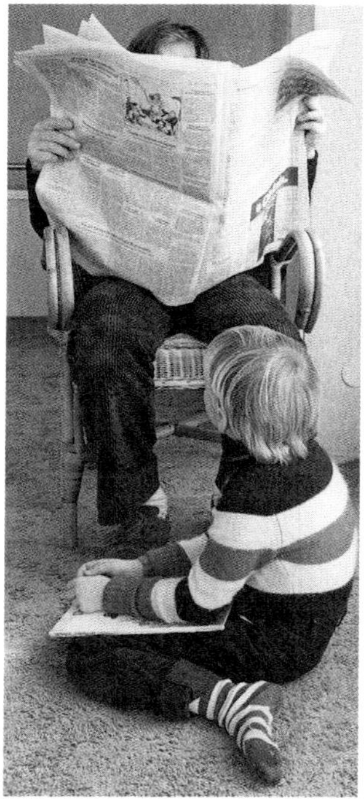

Wer sich intensiv um sein Kind kümmert, hat auch ein Recht darauf, in aller Ruhe „intensiv" die Zeitung zu lesen.

„Ich hab' jetzt keine Zeit für dich!"
Können Sie einen solchen Satz äußern, ohne ein schlechtes Gewissen zu haben?
Müssen Eltern immer Zeit für ihre Kinder haben? Untersuchungen an Kindern mit Entwicklungsproblemen haben ergeben, daß dafür ebenso häufig ein Zuviel an elterlicher Fürsorglichkeit wie ein Zuwenig die Ursache war.

Es tut Kindern nicht gut, unentwegt gepflegt, gehätschelt, beschäftigt, gefördert, unterhalten zu werden. Sie brauchen auch viel Gelegenheit, selbst etwas auszuprobieren, auch mal die schöpferische Langeweile, um auf neue Ideen zu kommen. Sie brauchen Gelegenheiten, unbeobachtet Dummheiten zu machen. Manche Kinder freilich scheinen von diesen Bedürfnissen nichts zu wissen. Ständig steigen sie nörgelnd hinter Vater oder Mutter her: „Spiel was mit mir." „Ich weiß nicht, was ich machen soll." Aber daraus entsteht leicht ein Teufelskreis. Weil die Eltern ihr Kind nicht verdrießen wollen, geben sie diesen Wünschen immer wieder nach. Aber weil sie bei jedem Anflug von Phantasielosigkeit oder Langeweile sogleich zur Stelle sind, verliert das Kind die Fähigkeit, selbständig etwas zu unternehmen, immer mehr.

Es bekommt auch keinem Kind, wenn es aus der ständigen Verfügbarkeit von Vater oder Mutter den Schluß zieht, es sei das

Immer nur allein „für alles zuständig" zu sein, hält auch die beste Mutter nicht aus. Überlegen Sie, wer Ihnen gelegentlich zu einem freien Abend verhelfen könnte.

einzig Wichtige auf der Welt. Mit dieser Grundeinstellung wird es ihm schwerfallen, in anderen Gemeinschaften, zum Beispiel im Kindergarten und später in der Schule, zurechtzukommen. Aber nicht nur um der Kinder, sondern auch um ihrer selbst willen sollten Eltern Zeit für sich in Anspruch nehmen. Eltern sind nicht nur für ihre Kinder da! Eltern brauchen auch Zeit für eigene Bedürfnisse, und zwar nicht nur ganz gelegentlich, womöglich mal als Geschenk zum Muttertag, sondern regelmäßig!

Väter nehmen sich diese Zeit oft selbstverständlich – für Fußballtraining oder Skatabend. Ebenso selbstverständlich sollten sie die Kinder ins Bett bringen, wenn die Mutter den wöchentlichen Besuch bei der Freundin oder den Volkshochschulkurs anmahnt. Und wer sagt, daß nicht auch manche Frauen gern Skat spielen? Es muß auch möglich sein, mal etwas gemeinsam zu unternehmen, denn Vater und Mutter sind nicht nur Eltern, sondern auch ein Paar, das gemeinsame Erlebnisse, gemeinsame Entspannung ohne Kinder braucht, um Kraft zu tanken für den täglichen Erziehungsalltag.

Besonders schwer haben es Alleinerziehende

Zu oft müssen sie auf eine Einladung, eine interessante Veranstaltung verzichten, weil niemand da ist, der die Kinder beaufsichtigt. Fügen Sie sich nicht entsagungsvoll in dieses Schicksal. Muten Sie Großeltern, Freunden, Nachbarn die Nachfrage zu, ob sie Sie nicht mal vertreten, freistellen können für eine Unternehmung, die Ihnen Spaß macht, Sie brauchen das!
Es ist kein Gütemerkmal, wenn Sie sich für Ihre Kinder aufopfern. Entsagungsvolle, überreizte, unglückliche Eltern sind schlechte Weggefährten. Ohne es selbst zu merken, lassen Sie unter Umständen ihre Kinder entgelten, daß sie Sie um die Erfüllung so manchen Traumes gebracht haben. Nicht nur, wenn Sie ohne ihre Kinder fortgehen, auch wenn Sie zu Hause sind, sollten Sie Zeiten beanspruchen, in denen Sie nicht gestört sein wollen, weil Sie lesen, Musik hören, mit jemandem reden wollen. Je konsequenter Sie dieses Recht einfordern, desto eher wird Ihr Kind das akzeptieren. Wenn Sie nur zaghaft bitten, erklären, Ausnahmen machen, werden Sie wenig Chancen haben.

Akzeptieren Sie aber genau so respektvoll den Wunsch Ihrer Kinder, mit Freunden ungestört zu sein, selbst wenn Sie das Gefühl haben, daß nicht alles, was sie da ungestört treiben, in Ihrem Sinne ist.

Stellen Sie Ihrem Kind nicht all Ihre Zeit großzügig zur Verfügung

Widmen Sie ihm lieber kürzere Abschnitte davon, diese aber ganz ohne Einschränkungen. Ruft ein Freund genau in der vereinbarten Spielstunde für ein Schwätzchen an, vertrösten Sie ihn ruhig auf später.

Es ist auch einfach nicht wahr, daß sich die Güte einer Eltern-Kind-Beziehung daran mißt, wieviel Zeit man füreinander hat. Man kann sich einen lieben langen Tag voller Zuwendung auf den Geist gehen, man kann in sehr kurzen Zeiten der Gemeinsamkeit ein Maß an Verbundenheit herstellen, das satt und sicher macht. Ich erinnere mich an eine Mutter, die jeden Morgen sehr früh zur Arbeit aus dem Haus gehen, ihrem achtjährigen Sohn zumuten mußte, allein aufzustehen und zur Schule zu gehen. Das war schwer! Aber sie rief ihn jeden Morgen um diese Zeit an, wünschte ihm einen guten Tag, sprach ihm nochmal Mut für die Mathe-Arbeit zu, ermahnte ihn, ausreichend zu frühstücken. Als ich sie das erzählen hörte, war ich sehr beeindruckt davon, wieviel Zuwendung sie mit so einem kurzen Telefongespräch ausdrücken konnte.

Kinder müssen wissen, daß sie Zärtlichkeiten auch ablehnen dürfen, ohne als unartig zu gelten

Kleine Kinder brauchen viel Zärtlichkeit. Das wird niemand bestreiten. Aber kleine Kinder mögen es oft gar nicht, wenn jeder Erwachsene sie mal eben streicheln oder auf den Arm nehmen möchte. Auch wenn Mutter oder Oma sie mitten aus einer wichtigen Beschäftigung einfach herausgreifen, um sie schnell mal zu knuddeln oder zu küssen, reagieren viele mit Recht unwillig.

Kinder brauchen viel Zärtlichkeit. Erwachsene brauchen ebenfalls Zärtlichkeit. Aber brauchen beide die Zärtlichkeit immer zur selben Zeit?

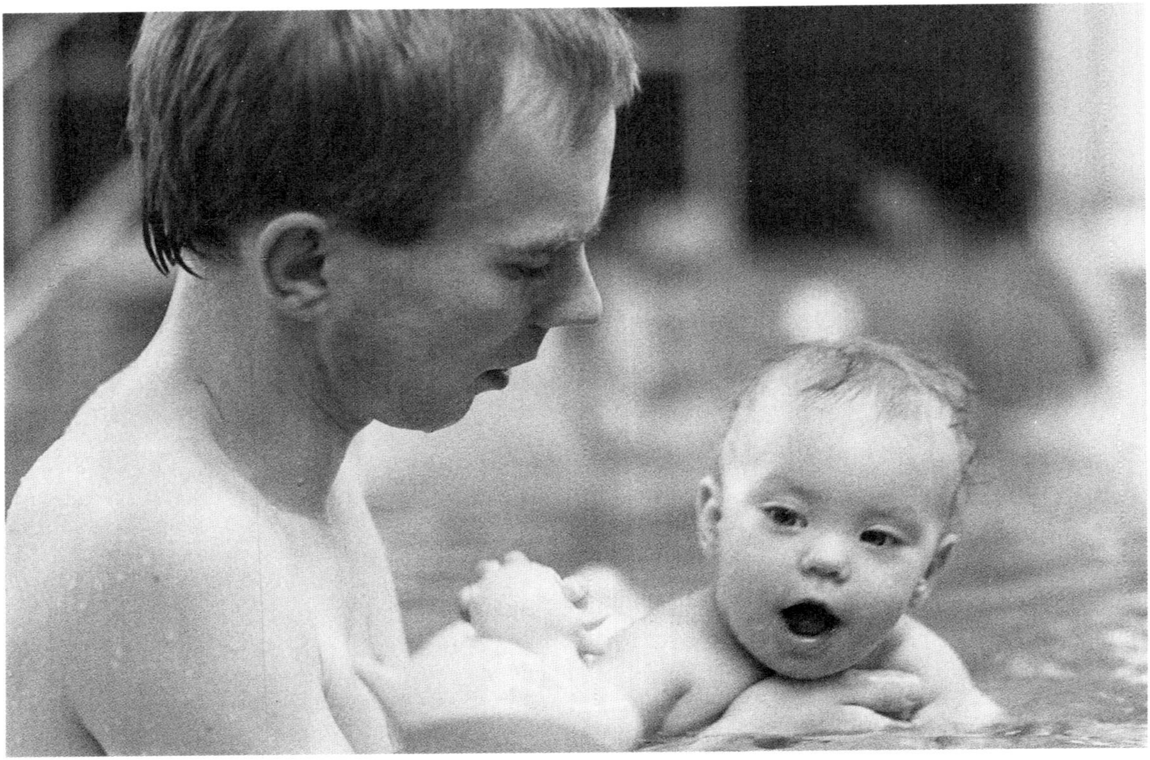

Gemeinsames Badevergnügen – wie lange noch? Wird es der Vater ertragen, wenn eines Tages bunte Schiffchen weitaus interessanter sind als ein platzraubender Papi?

Denn was wir Erwachsenen da befriedigen, ist nicht das Zärtlichkeitsbedürfnis des Kindes, sondern unser eigenes. Uns rührt dieses rundliche Menschlein mit der winzigen Nase und den großen Augen, dieses uns angeborene „Kindchenschema", das uns auch Robbenbabys zum Beispiel viel niedlicher finden läßt als einen jungen Elch. Rührend finden wir auch die Hilflosigkeit und Anhänglichkeit kleiner Kinder. Sie sind so dankbar für unsere Zuwendung – sie können gar nicht anders, denn sie sind auf uns angewiesen.

Nun spricht selbstverständlich nichts dagegen, wenn der zärtliche Umgang mit einem Kind auch unser eigenes Bedürfnis nach menschlicher Wärme befriedigt. Aber ich halte es schon für wichtig, daß wir uns darüber klarwerden, wer hier eigentlich gerade wen braucht und warum. Ich denke, daß wir manchmal die Intimsphäre kleiner Kinder zu wenig achten, die ihnen erlauben muß, nur dann mit anderen Menschen zärtlich zu sein, wenn ihnen danach zumute ist. Die es ihnen auch erlauben muß, „nein" zu sagen, wenn sie jemanden nicht mögen.

Es ist ein sehr schönes Gefühl, sich unentbehrlich für jemanden zu wissen

Deshalb ist es auch nicht zumutbar, wenn ein Kind auf Geheiß einen anderen Menschen umarmen oder ihm ein Küßchen geben soll. Es sollte von klein auf erfahren, daß es ganz allein darüber entscheidet, wann und zu wem es zärtlich ist.

In letzter Zeit wird uns immer wieder ins Bewußtsein gerufen, wie oft Kinder von Männern, die sie kennen, sexuell mißbraucht werden. In sehr vielen Fällen wagen diese Kinder nicht, sich zu verweigern, selbst wenn sie es könnten.
Jederzeit nein sagen zu dürfen, kann ein wichtiger Schutz dagegen sein.

Aber das ist nicht der einzige Grund. Kennen Sie auch diesen Stoßseufzer angesichts eines wonnigen Babys in seinem Kinderwagen: „Ach ja, solange sie so klein sind, sind sie ja so süß – schade, daß sie nicht immer so bleiben!"

Für manche Mutter und manchen Vater ist die unkritische Zuwendung notwendige Bestätigung

Liegt der Verdacht so fern, daß Eltern, die so reagieren, nicht allzu viel dazu tun, diesen schönen Zustand zu beenden? Ob sie ihren Kindern damit eine gute Atmosphäre schaffen, in der sie leicht größer und selbständiger werden können? Was soll sich ein Kind denken, das solche Äußerungen von seinen Eltern oder Großeltern hört?

Für manche Mutter mag die Dankbarkeit des abhängigen Kindes die einzige Genugtuung in einem sonst recht entsagungsvollen Leben ohne ein ausreichendes Maß an Bestätigung und Zuwendung sein.
Muß sie so entsagungsvoll sein? Kann sie nicht auch häufiger etwas für sich fordern – einen freien Nachmittag, eine Urlaubsreise ohne Kinder, ein teures Buch oder ein schönes Kleid?
Oder müßte sie an der Beziehung zu ihrem Partner etwas ändern, damit sie weniger angewiesen ist auf die Zuwendung des Kindes?

Für manchen Vater wiederum ist die unkritische Anhänglichkeit seiner kleinen Tochter problemloser als die Auseinandersetzung mit einem ruppigen Teenager. Warum fühlen sich Männer durch Kritik und den Anspruch auf Gleichrangigkeit noch immer so sehr verunsichert? Sie werden sich damit auseinandersetzen müssen, daß die Zeiten der abhängig-anhänglichen Partnerinnen vorbei sind.

Kinder brauchen zärtliche Eltern und die Erwachsenen die Zärtlichkeit kleiner Kinder

Es lag mir daran, zu zeigen, daß wir Erwachsenen die Zärtlichkeit kleiner Kinder genauso brauchen, wie sie die unsere – allerdings oft auch aus Motiven, die der Entwicklung der Kinder nicht förderlich sind.
Kinder brauchen zärtliche Eltern, aber auch Eltern, die so unabhängig und selbstbewußt sind, daß sie sich auf ihr süßes Baby genauso freuen können wie auf ihre rotzfreche Neunjährige oder auf das Abenteuer, wie aus einem abhängigen Kind eine Erwachsene wird – womöglich eine ganz andere, als sie ursprünglich erwartet hatten.

Erwachsene brauchen die Zärtlichkeit ihrer Kinder – und Kinder die Zärtlichkeit ihrer Eltern. Haben beide ein Recht, auch mal nein zu sagen?

Es ist auch Liebe, wenn der Vater die Kinder mit auf eine Bergtour nimmt, die vielleicht so anstrengend ist, daß gar keine „Schmusestunde" daraus wird, aber eine unvergeßliche gemeinsame Unternehmung.

Ordnung, Sauberkeit und gutes Benehmen – ein Wunschtraum vieler Eltern

Wieviel Ordnung braucht ein Kind?

Auf einem gestickten Tuch in der Wohnküche meiner Großmutter stand der Spruch: „Liebe Ordnung, halte sie, sie erspart dir Zeit und Müh!" Heute hört man manch einen sagen: „Wer Ordnung hält, ist nur zu faul zum Suchen."
Manchmal ist auch von zwanghafter Ordnung die Rede oder von schöpferischer Unordnung – wieso eigentlich?

Ordnung wird meist zusammen genannt mit Sauberkeit: Wie kommt es zu dieser Verknüpfung von Ordnung und Moral?

Für Eltern ist das Thema offenbar ein „Dauerbrenner". In meinen Elternseminaren sind wir ungezählte Male beim Thema „Ordnung im Kinderzimmer" gelandet. Selten haben die Eltern befriedigende Lösungen gefunden, nur immer wieder erleichtert die Erkenntnis mitgenommen, daß es bei anderen ganz genauso zugeht wie bei ihnen daheim.

Für Ordnung kann man auch streiten

Aus Zweckmäßigkeitserwägungen – man möchte in der Wohnung frei gehen können, es soll nichts kaputtgehen oder verderben. Man möchte, was man braucht, auch finden. Aber es fällt auf, daß in den Diskussionen um dieses Thema so oft moralische Begriffe verwendet werden. Ordnung wird meist zusammen genannt mit Sauberkeit. Ordentlich und sauber sind nicht nur Schränke und Hände, sondern auch die Gedanken, der Charakter. Wer unordentlich ist, ist wahrscheinlich auch unsauber. Das ist unhygienisch und gefährlich. Bei so einem Menschen muß man auch sonst mit einigem rechnen. Ja, muß man? Kann ich nicht ein grundanständiger Mensch und dabei ein fürchterlicher

Bei intensiven Spielen verändert sich ein Kinderzimmer meist nicht sehr vorteilhaft, wenn man es mit den Augen eines Ordnungsfanatikers betrachtet. Aber für wen ist so ein Kinderzimmer eigentlich gedacht?

Schlamper sein? Wie kommt es zu dieser Verknüpfung von Ordnung und Moral?
Im Urlaub habe ich einmal mit meinen Kindern ein Marine-Museum besucht, das von der Armee unterhalten wurde. Was mir geradezu beklemmend auffiel, war das blank gewienerte Holz und das viele makellos geputzte Messing. Nirgends ein Stäubchen, nirgends ein blinder Fleck. Wieviel Mühe mußte es kosten, das so zu erhalten, und wer muß das wohl machen?

Wenn sie Romane aus vergangenen Zeiten lesen, werden Sie immer wieder darauf stoßen, daß das Dienstpersonal wohlhabender Häuser stets angehalten wurde, Blankes blank zu halten, für Ordnung und makellose Sauberkeit peinlichst zu sorgen.

Wer so beschäftigt und angehalten wird, kommt nicht auf dumme Gedanken. Ich behaupte nämlich, daß immer die zu strikter Ordentlichkeit angehalten werden, die gehorchen sollen, ohne zu rebellieren – zu einer Ordentlichkeit, wohlgemerkt, die durch Nützlichkeitserwägungen allein nicht mehr zu rechtfertigen ist. Deshalb hat übertriebene Ordnung etwas Steriles, hält ängstlich am Üblichen und Überlieferten fest, will keine Veränderungen zulassen.

Alles, was schöpferisch ist, was neu ist und phantasievoll, stellt das Bestehende in Frage

Ich erinnere nur daran, wie zum Beispiel im Dritten Reich die „entartete Kunst“ verfolgt wurde.
Aber ich spüre förmlich, wie sich bisher in vielen Lesern schon der Widerspruch aufgestaut hat. Was hat die Kunst im Dritten Reich mit der Unordnung in unseren Kinderzimmern zu tun? Diese Zeiten sind zum Glück passé. Wir leben in einer Demokratie. Selbständig denken ist erlaubt, und Ordnungen dürfen angezweifelt werden.

Aber wir sind doch nicht geschichtslos. Sie steckt doch noch in uns, diese Verknüpfung von Ordnung und Moral. Woher denn sonst die Empörung über lange Männerhaare, insbesondere bei den Älteren? Und im umgekehrten Fall: Was geht in den kahlgeschorenen Köpfen vor, die sich die alte Ordnung zurückwünschen um jeden Preis? Und es ist noch keineswegs vom Tisch, daß Lehrherren oder Lehrer ihren Schülern bescheinigen, sie seien stets sauber und ordentlich gewesen.

Alle Kinder lernen beim Heranwachsen irgendwann das Maß an Ordnung, das ihnen nötig erscheint!

Und liegt der Gedanke so fern, daß auch Hausfrauen von aufmüpfigen Gedanken abgehalten werden, solange sie die Ideologie akzeptieren, daß man in einem gut geführten Haushalt vom Fußboden essen kann, solange ihnen herumliegendes Kinderspielzeug nicht lästig, sondern peinlich ist?

Fast alle Kinder lernen irgendwann das Maß an Ordnung, das ihnen nötig erscheint

Kann ich wirklich nicht aus dem Haus gehen, bevor ich nicht Staub gesaugt und die Stahlspüle in der Küche poliert habe?
Ich habe die Erfahrung gemacht, daß es nicht genügt, mit noch so überzeugenden Plädoyers für mehr Toleranz gegenüber kindlichen (Un-)Ordnungen einzutreten, solange Eltern sich nicht darüber klar sind, aus welchen Wurzeln ihre Liebe zur Ordnung auch noch gespeist wird. Ich will auf der anderen Seite nicht den Eindruck entstehen lassen, als wolle ich dem großen Chaos das Wort reden und jede Ordnung verteufeln. Wo uns aber als Begründung für notwendiges Aufräumen nichts Besseres einfällt als: „Wie sieht denn das aus!“ oder: „Da muß man sich ja schämen!“, da sollten wir doch aufmerksam werden und erst mal uns selbst kritisch befragen.

Eines habe ich in Gesprächen mit Eltern auch noch gelernt: Anscheinend sind (fast) alle Kinder unordentlicher, als es ihren Eltern recht ist. Aber (fast) alle Eltern erinnern sich auch, den gleichen Streit schon als Kinder mit ihren Eltern gehabt zu haben.
Daraus folgt doch logisch: (Fast) alle Kinder lernen beim Heranwachsen irgendwann das Maß an Ordnung, das ihnen nötig erscheint, auch die, an denen die Eltern schier verzweifelten, auch die, deren Eltern nicht so verbissen darum kämpften. Das sollte uns ein bißchen gelassener werden lassen, was die Sorge um ihre Zukunft angeht. Und mehr als das Nötige sollen sie gar nicht lernen, wenn uns daran gelegen ist, Demokraten zu erziehen, die Mut zu „unordentlichen" Gedanken haben.

Daß Ordnung auch eine höchst praktische Seite hat, lernen Kinder ohne jeden Druck und spätestens dann, wenn sie einen Gegenstand verzweifelt suchen, der eigentlich einen festen Platz hat. Sie wollen in höchster Eile ihr Fahrrad holen, aber der Garagenschlüssel hängt nicht dort, wo er hingehört. Wer in Hektik sucht, findet nichts. Inzwischen sind die Freunde längst im Schwimmbad. Wetten, daß ab jetzt der Schlüssel stets an seinem Platz hängt? Und Ihr Kind wird hartnäckig sagen, das sei nicht Ordnung, sondern Zweckmäßigkeit. Womit es recht hat.

Wo gehobelt wird, da fallen auch Späne, heißt es, wenn der Vater kreativ ist – wenn ein Kind kreativ ist, nennt man es schlichtweg ein Ferkel.

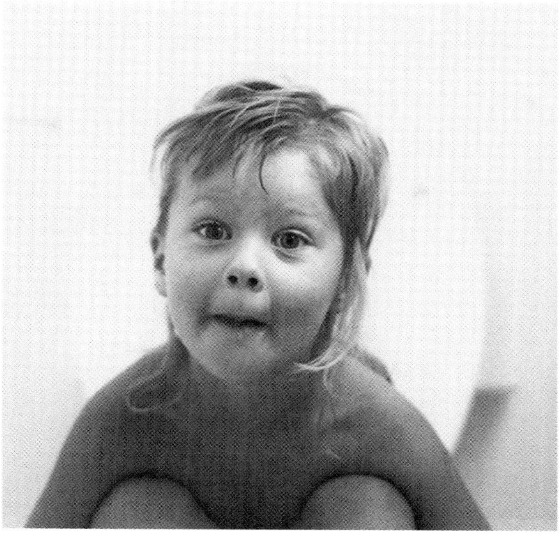

Wie sauber müssen Kinder sein?

Immer mal wieder haben Eltern Ärger mit ihren Kindern, weil die sich ständig vollschmieren, eine chronische Abneigung gegen Waschwasser entwickeln, den Kamm links liegenlassen oder die Zahnbürste nur naßmachen, anstatt sie zu gebrauchen.
Ich möchte diesen Kindern zu Hilfe kommen, indem ich behaupte:

- Schmutzig sein ist natürlich
- Sich waschen ist langweilig und lästig
- Sich nicht waschen ist verständlicher Protest.

Die Verknüpfung von Ordnung und Moral stammt noch aus Zeiten, in denen Körperlichkeit an sich etwas Anrüchiges war.

Von Menschen, die sehr neugierig sind, sagt man: Sie stecken ihre Nase in jeden Dreck. Neugierde aber ist eine der wichtigsten Tugenden kleiner Kinder. Wer als Kind nicht Nase und Finger in jeden Dreck steckt, hat weniger Chancen, ein kluger, kreativer, lebenspraktischer Erwachsener zu werden – er wird eher einer, „der Angst hat, sich die Finger schmutzig zu machen". Aber schmutzig sein ist nicht nur unvermeidliche Begleiterscheinung von Unternehmungslust, es ist auch selbst lustvoll. Kennen Sie noch das schöne Gefühl, mit nackten Füßen durchs Wattenmeer zu stapfen, das Vergnügen, wenn einer dabei ausgleitet und hinfällt – haben wirklich nur Kinder das Bedürfnis, sich in diesem Modder zu wälzen, bis sie aussehen wie die Erdferkel? Uns Erwachsenen hat man das vielleicht abgewöhnt, die meisten Kinder haben sie noch, die Lust am Dreck. Aber immer mal wieder gibt es schon im Kindergarten Kinder, die scheu und gehemmt danebenstehen, wenn die anderen mit Tapetenkleister, Pappmaché oder nassem Sand hantieren. Sie ekeln sich davor. Diese Kinder sind bedauernswert. Es fehlt ihnen ein Stück elementarer Lebensfreude.
Manchmal werden in der Erziehung Sauberkeit und Moral miteinander verknüpft. „Schämst du dich nicht, dich so schmutzig zu machen!" Von jemandem, der schmutzig ist, wird eher erwartet, daß er sich unmoralisch verhält.
Diese Verknüpfung ist uns geblieben aus prüderen Zeiten, in denen Körperlichkeit an sich etwas Schmutziges und Anrüchiges war.
Sich reinigen bedeutete da auch „sich reinhalten", „sittsam und rein" sein. Wenn wir unseren Kindern aber ein unbefangenes

Verhältnis zu ihrem Körper und allen seinen Funktionen vermitteln wollen, müssen wir diese Verknüpfung auflösen.

Es gibt keinen Grund, sich für Schmutz zu schämen

Er mag (vielleicht) unhygienisch sein, vielleicht unpraktisch oder unhöflich, unmoralisch ist er nicht!
Kommen wir zum Waschen: Auch Waschen kann ein Vergnügen sein, wenn das, was eben noch am Körper klebte, als schwarze Brühe in den Abfluß läuft. Wie oft aber nötigen wir unsere Kinder, sich zu waschen, wenn sie überhaupt nicht das Gefühl haben, schmutzig zu sein oder der Reinigung zu bedürfen. Waschen als Pflichtübung, als Verneigung vor dem Willen der Erwachsenen, ohne die Einsicht, warum das jetzt nötig sein soll. Da wird „nur so tun als ob" zum leisen Protest des Machtlosen.
Abends ist Waschen und Zähneputzen außerdem die Vorbereitung für's lästige Schlafengehen. Es hinauszuzögern, bringt zusätzliche Zeit zum Spielen. Es in die Länge zu ziehen, bedeutet länger aufbleiben zu können. Was also tun? Sich klaglos abfinden mit Triefnasen, klebrigen Fingerspuren und dunklen Fußabdrücken in der Bettwäsche? Das wird nicht nötig sein. Wenn wir

Das abendliche Waschen ist Vorbereitung auf das nicht sehr beliebte Zubettgehen. Was liegt also näher, als das Waschen künstlich zu verlängern?

wenigstens die Beweggründe unserer Kinder, sich nicht so oft waschen zu wollen, genauso wichtig nehmen wie unsere, sie ständig dazu anzuhalten, werden wir Kompromisse finden, mit denen beide leben können. Bleiben wir beim Beispiel der Fingerspuren. Auch ein kleines Kind vermag einzusehen, daß man mit Schokoladenfingern das neue Märchenbuch nicht anfassen darf, weil es sonst braune Flecken kriegt. Aber was ist „weil wir weggehen wollen" für eine Begründung für's Händewaschen – werden sie doch schlimmer aussehen als vorher, wenn das Kind damit nur mal eben an Nachbars Zaun entlanggefahren ist. (Für wirklich dringende Fälle erspart ein feuchter Waschlappen in der Tasche manch ärgerlichen Disput.)

Wenn Kinder sich gegen Regeln wehren, sollten Sie verstehen lernen, warum es sich wehrt

Die ständigen Ermahnungen „mach dich nicht gleich wieder schmutzig!" kann man sich sparen, wenn man lieber viele und billige Kleidungsstücke kauft als wenige teure und sich im übrigen daran gewöhnt, auch mit einem angeschmutzten Kind in die Öffentlichkeit zu gehen. Es soll auch im Bus Leute geben, die an strahlenden Schmutzfinken ihre Freude haben. Daß manche Kinder auch nicht gern in die Badewanne wollen, kann doch nur mit dem zusammenhängen, was sich da abspielt. Abseifen bis in die letzte Hautfalte, zwangsweises Haarewaschen mit Seife in den Augen – oder Waschlappenschlachten, Schiffchenfahrten und Tauchversuche mit Taucherbrille und Schnorchel? Zu zweit macht das mehr Spaß als allein, und das Nachbarskind hat's ja vielleicht auch nötig. Auf Seife kann man meistens verzichten, warnen doch die Hautärzte längst vor Hautschäden durch zu häufigen Seifengebrauch.
Und Haare, die schwierig zu waschen sind und beim Durchkämmen ziepen, kann man kurz schneiden.

Ansonsten wünsche ich allen Eltern mehr Gelassenheit mit dem zeitweise gestörten Verhältnis ihrer Kinder zur Reinlichkeit. Kein Kind wird krank, wenn es abends mal ungewaschen ins Bett geht. Eine vorübergehende Aversion gegen Wasser legt sich leichter, wenn man zu nichts gezwungen wird.

Fast alle Kinder und Jugendlichen haben solche Ferkel-Phasen. Und fast alle Erwachsenen mußten das für sie notwendige Maß an Sauberkeit genauso mühsam lernen wie ihre Kinder.

Wie gehen wir eigentlich mit den Geschenken unserer Kinder um? Wandern liebevoll gemalte Bilder in den Papierkorb oder mühsam Gebasteltes in den Müll?

Heißt Dankbarkeit nur „Dankeschön"?

Es ist Besuch gekommen. Die Tante hat der vierjährigen Sarah Malstifte mitgebracht. Sarah reißt sie ihr fast aus der Hand, macht sich sofort auf den Weg ins Kinderzimmer, um sie auszuprobieren. Das auffordernde „Wie sagt man!?" der Mutter hört sie kaum noch. Gleich beginnt sie ein Bild zu malen und beschließt, es der Tante zu schenken. Sarah will sich dankbar erweisen.

Da erscheint tadelnd und mahnend die Mutter. „Sag mal, weißt du nicht, was sich gehört? Geh jetzt sofort, sag ordentlich Danke und gib der Tante ein Küßchen." Aber Sarah will nicht Danke sagen. Sie will auch kein Küßchen geben, denn das Gesicht der Tante schmeckt nach Creme. Außerdem drückt sie einen immer so sehr. Die Mutter aber besteht auf sofortiger Danksagung. Ihr ist das unhöfliche Kind peinlich. Es wird laut im Kinderzimmer. Schließlich zerreißt Sarah das angefangene Bild, wirft es auf den Boden und stampft darauf herum. Nichts geht mehr. Keine freundlichen Gefühle, keine Dankbarkeit, nur noch Wut und Widerwillen.

Eltern argumentieren oft, sie müßten doch Kinder von klein auf dazu erziehen, auf freundliche Gesten ihrer Mitmenschen auch mit Freundlichkeit zu antworten. Aber das tun sie ja oft ganz

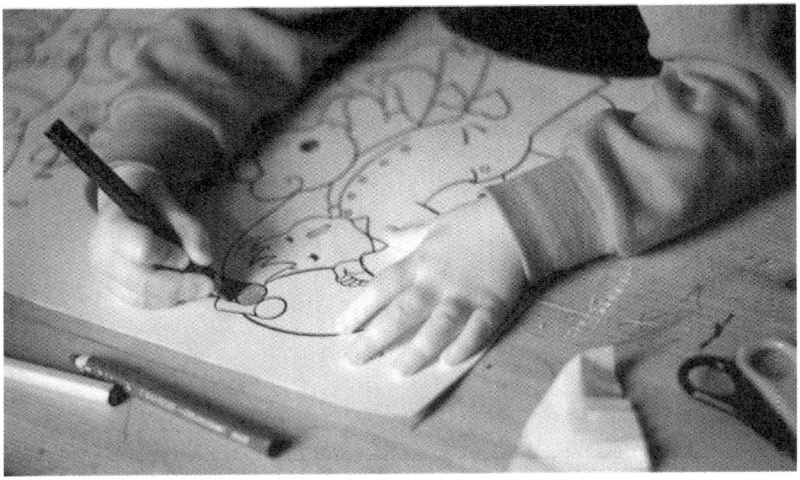

Vielen Kindern fällt es sehr viel leichter, ein schönes Bild zum Dank zu malen, als mit artigen Worten ihre Freude zu zeigen. Warum eigentlich nicht?

spontan, wie auch Sarah es tun wollte. Nur fällt es ihnen oft schwer, sich dazu der Floskeln und Verhaltensweisen zu bedienen, die unter Erwachsenen üblich sind. Sind die wirklich wichtig? Ist die freundliche Geste nicht wichtiger als die korrekte Form? Ist ehrlich mitgeteilte Freude nicht ein schönerer Dank als eine artige Formel?

Muß Dankbarkeit geheuchelt werden, wenn man sie nicht empfindet?

Da hat ein Gast zum zweiten Mal eine Dose der gleichen Bonbons mitgebracht, von denen das Kind schon beim ersten Mal ehrlich gesagt hatte, daß es gerade die nicht mag. Ist das nicht wirklich gedankenlos? Haben nicht auch wir für solche Fälle, trotz formaler Einhaltung der Regeln, fein abgestufte Nuancen der Dankbarkeitsbezeugung von begeistert bis frostig? Kinder reagieren eben deutlicher, schneller. Manche Geschenke, die wir Kindern machen, sind eigentlich keine. Warum soll eine Vierjährige dankbar sein, wenn sie ein Fünfmarkstück mit der Auflage bekommt, es gleich in ihre Sparbüchse zu stecken? Sie darf die Dose nicht allein ausräumen, sie weiß auch noch nicht, was dafür gekauft werden soll. Worüber soll sie sich freuen?

Ebenso geht es dem Sechsjährigen, dem die Oma ein paar neue Hausschuhe schenkt, die ihm sonst die Eltern hätten kaufen müssen.

Was würden Sie sagen, wenn Ihnen Ihre Kollegen im Büro ein neues Farbband für die Schreibmaschine schenken würden? Dankbarkeit empfinden doch auch wir wohl nur, wenn wir beim Schenkenden das ehrliche Bemühen spüren, uns eine Freude zu machen.

Nun weiß ich allerdings auch, daß Kinder selbst unter diesen Bedingungen das Zeigen von Dankbarkeit leicht vergessen oder auf eine Weise reagieren, die auch den Verständnisvollen leicht kränken kann.
Aber oft ändern sie ihr Verhalten, wenn man ihnen ohne Vorwurf deutlich macht, daß da gerade jemand enttäuscht ist, der es gut mit ihnen meinte. Daß sie da jemanden sehr erfreuen könnten, wenn sie empfundene Dankbarkeit auch ausdrückten. Wenn man also nicht Verhalten fordert, sondern auf die Empfindungen der anderen aufmerksam macht.

Gerade das Einklagen von Dankbarkeit macht es oft schwer, sie wirklich zu empfinden und zu zeigen

Geht es Ihnen da nicht genauso?
Oft klagen Erwachsene, Kinder würden immer anspruchsvoller, würden sich über Kleinigkeiten kaum noch freuen. Ich weiß nicht, ob man diesen Vorwurf nicht an viele Erwachsene zurückgeben muß. Wie gehen denn eigentlich wir mit den kleinen Geschenken der Kinder um? Was soll denn ein Kind davon halten, wenn es ein frisch gepflücktes Gänseblümchen, das es uns überreicht hatte, nach unserem Weggehen auf dem Fußboden findet?

Vom Kindergartenalter an verschenken die meisten Kinder gern Selbstgebasteltes. Wenn nicht eine lenkende Pädagogin recht gründlich Einfluß genommen hat, sind die Produkte oft weder identifizierbar noch benutzbar. Verabschiedet man sich aber von den Schönheits- und Nützlichkeitserwägungen der Erwachsenen, erkundigt man sich genau nach dem Was und Wozu, eröffnen sie oft einen erstaunlichen Einblick in die kindliche Phantasie. Was tun wir mit diesen, oft auch noch schlecht stapelbaren kindlichen Gaben? Finden sie ein ehrenvolles Plätzchen, weil das Kind uns damit eine Freude machen wollte? Oder sieht das Kind sein Geschenk alsbald im Papierkorb liegen? Wenn uns das kindliche Geschenk so wenig freut, wie sehr soll sich dann ein Kind über Hausschuhe freuen und dafür auch noch dankbar sein?

Auch Kinder haben eine Intimsphäre – genau wie jeder Erwachsene –, die jeder respektieren sollte.

Sind Sie zu Ihren Kindern so höflich wie zu Ihren Freunden?

Wie behandeln wir eigentlich unsere Kinder? Höflich? Respektvoll?
Achten wir unsere Kinder?
Oder nehmen wir sie manchmal nicht ganz für voll?

Die dreijährige Jaqueline muß zum Arzt. Sie soll den Mund aufmachen, einatmen, ausatmen, aufstehen, hin- und hergehen. Während sie all dies zunächst gehorsam tut, redet der Arzt unentwegt mit der Mutter – fragt, erklärt, aber mit Worten, die Jaqueline nicht versteht. Nur hin und wieder unterbricht er sich, um Jaqueline eine neue Anweisung zu geben. Jaqueline wird immer ungeduldiger. Und als sie schließlich eine Tafel an der Wand ansehen und sagen soll, was da für Bilder drauf sind, bockt sie und sagt überhaupt nichts. Der tadelnden Mutter erklärt sie hinterher, der Arzt sei doof, und sie wolle zu dem nicht mehr gehen.

Recht hat das Kind! Sie ist die Patientin. Der Arzt soll seine Fragen und Erklärungen an sie richten, sich bemühen, so zu formulieren, daß sie es verstehen kann. Dann wird Jaqueline auch das Gefühl haben, es gehe um ihre Gesundheit, zu deren Erhaltung sie etwas tun kann und muß. So aber fühlt sie sich behandelt wie ein Gegenstand – eben unhöflich!

Unhöflich ist es auch, wenn Eltern in Gegenwart der Kinder über sie reden, so als wären sie nicht da oder zählten nicht recht. Und das nicht nur, wenn sie der Nachbarin erzählen, wie der arme Junge sie gestern auf dem Ausflug verloren und schrecklich laut geheult habe, sondern auch, wenn sie ihn in den höchsten Tönen loben und dem Kleinen dabei gönnerhaft den Kopf streicheln. Aber der liebe Kleine mag das vielleicht gar nicht, wenn er so auf den Präsentierteller gesetzt wird.

Unhöflich ist es auch, in die Intimsphäre eines Menschen weiter einzudringen, als der das gestatten möchte. Einem kleinen Kind, das „fremdelt", das sich ängstlich hinter Mutters Hosenbein zurückzieht, darf ich mich deshalb nicht weiter nähern, als es ertragen kann, und es auch nicht zwangsweise tätscheln, wenn es das nicht mag.

Ich darf die gemalten Bilder der Dreijährigen ebensowenig gegen ihren Willen herumzeigen, wie ich später ihre Briefe oder Tagebücher lesen darf.

Ich darf auch ein Kind nicht zu Auskünften zwingen, die es nicht geben mag. Wenn ich ein „das möchte ich nicht sagen"

Haben Kinder das Recht, über etwas zu schweigen oder ganz einfach zu sagen: „Darüber möchte ich jetzt nicht reden?"

nicht akzeptiere, darf ich mich nicht wundern, wenn ich belogen werde.
Unhöflich ist es auch, die Tapsigkeit oder Unerfahrenheit kleiner Kinder auszunutzen, um sie damit aufzuziehen. Und es scheint noch immer bei Erwachsenen ein beliebtes Spiel zu sein, einem kleinen Kind etwas hinzuhalten, und wenn es ungeschickt danach greift, wieder wegzuziehen.

Kinder lernen Höflichkeit leichter, wenn sie selbst erfahren dürfen, wie angenehm es ist, höflich behandelt zu werden.

Hat das mal jemand mit Ihnen probiert? Können Sie sich erinnern, wie wütend Sie das gemacht hat? Oder können Sie sich vorstellen, mit einem Kollegen so umzugehen? Unter diesem Blickwinkel werden auch Ihnen noch viele Situationen einfallen, in denen wir Kinder anders behandeln als Erwachsene – wesentlich unhöflicher! Wenn Sie beim Laufen mit einem Erwachsenen zusammenstoßen, sagen Sie wahrscheinlich: „Entschuldigung", auch wenn der offensichtlich seine Augen woanders hatte. Bei einem Kind sagen viele nur: „Paß doch auf!"

Steht Ihnen ein Erwachsener im Weg, sagen Sie wahrscheinlich: „Darf ich mal durch?" Bei einem Kind sagen viele: „Geh mal weg da!"

Kinder lernen Höflichkeit von den Erwachsenen

Viele Erwachsene warten auch, wenn sie einem bekannten Kind begegnen, ob sie von ihm gegrüßt werden. Grüßt das Kind nicht, gilt es als unhöflich. Die sicherste Methode, ein Kind ans Grüßen zu gewöhnen, ist aber die, es freundlich als erster zu grüßen. Haben Sie schon erlebt, daß ein Kind in dieser Situation nicht ebenso antwortet? An und für sich gilt es doch als höflich, daß einer, der etwas schon gut kann, einem anderen, der noch übt, eine „Vorgabe" gibt.

Wie Sie solchen weit verbreiteten Unhöflichkeiten am besten auf die Spur kommen, habe ich schon erwähnt: Versuchen Sie sich vorzustellen, es ginge jemand mit Ihnen so um wie mit einem Kind, und prüfen Sie dann Ihre Gefühle. Kinder lernen von den Erwachsenen.

Kinder lernen Höflichkeit leichter, wenn sie selbst erfahren dürfen, wie angenehm es ist, höflich behandelt zu werden, denn Höflichkeit entsteht aus Achtung. Und da sind Kinder sehr wachsam.

Benimm dich gut, sei brav, iß anständig, antworte nur, wenn du gefragt wirst! Warum? Und wie kann sich ein Kind das alles merken, wenn es nicht weiß, wozu es gut sein soll?

Wie erklärt man einem Kind, was gutes Benehmen ist?

„Heute mußt du brav sein", sagen wir zu einem Kind, mit dem wir uns nicht blamieren möchten. Sie wollen mit Ihrem Kind einen Besuch machen, es ist Ihnen wichtig, daß das Kind dort einen guten Eindruck macht, oder doch wenigstens nicht unangenehm auffällt. Also sagen Sie ihm das. Aber was passiert? Es benimmt sich „wie zu Hause" oder gar besonders unausstehlich – als wären Ihre Ermahnungen glatt durch es hindurchgegangen. Wie kommt das bloß?

Weiß Ihr Kind wirklich, was Sie eigentlich von ihm erwarten?

„Sei schön brav" ist bestimmt keine genaue Information – denn was heißt das eigentlich? In einem Falle heißt es vielleicht: Sei möglichst ruhig und unauffällig, denn wir Erwachsenen haben Wichtiges miteinander zu bereden. Im anderen Falle aber: Sei lebhaft und witzig, zeig, was du schon alles kannst, denn wir möchten stolz auf dich sein. Heute erwarten wir vielleicht, daß das Kind mit seiner Unbefangenheit die letzten Wolken des Familienstreites vertreibt, morgen, daß es die Frage, wessen Kind eigentlich am besten erzogen ist, zu unseren Gunsten entschei-det.

Das Kind merkt, daß wir anders reagieren als sonst. Daß zwischen ihm und uns etwas steht, was es nicht begreift. Und es reagiert darauf mit Unsicherheit. Womöglich bemüht es sich immer hektischer, mit gewohnten oder völlig überzogenen Verhaltensweisen bei uns wieder „normale“ Reaktionen herauszufordern. Oder aber es versucht, dieser unangenehmen Situation zu entfliehen, indem es sich greinend an uns hängt.

In diesen Fällen sind es also unsere Wünsche, unsere Konkurrenzängste und Streitigkeiten, in denen wir dem Kind eine bestimmte Funktion zuzuschieben versuchen. Wir behandeln es nicht als eigenständige Person, die schließlich eigene Vorstellungen und eigene Wünsche hat, wenn sie mit uns einen Besuch macht.

Was erwartet das Kind von diesem Besuch?

Wenn wir Kindern bestimmte Situationen oder Eigenheiten bestimmter Personen genauer erklärten, anstatt Verhaltensregeln zu geben, könnten Kinder sich leichter auf diese Situation einstellen.

Wird es andere Kinder vorfinden oder wenigstens interessante Dinge, mit denen es spielen kann? Einen Raum, in den es sich zurückziehen kann? Einen netten Erwachsenen, der sich ihm besonders widmet? Wenn es sich wohlfühlt und ernstgenommen wird, wird es sich leichter so verhalten, wie wir es uns wünschen.
Oft wird auch darüber geklagt, daß Kinder hemmungslos versuchen, sich in den Mittelpunkt zu stellen, eine ganze Erwachsenenrunde nur mit sich zu beschäftigen. Das entsteht oft so: Das Kind langweilt sich. Es möchte ein bißchen „Leben in die Bude bringen“. Also beginnt es, Faxen zu machen. Die Erwachsenen lachen. Das Kind dreht immer mehr auf, denn selbstverständlich gefällt es ihm, im Mittelpunkt zu stehen. Die Eltern versuchen zu bremsen, die Übrigen aber verbergen ihren Unmut, um die Eltern nicht zu kränken. Das Kind aber macht immer weiter, weil es glaubt, die anderen interessierten sich für seine Faxen, und die Eltern wollten ihm bloß den Spaß verderben.
Wiederum sind es Motive der Erwachsenen, die die Situationen für das Kind schwer durchschaubar machen. Viel einfacher wäre es, wenn alle ehrlich sagten, was sie denken oder wünschen.
Wenn wir Kindern bestimmte Situationen oder Eigenheiten bestimmter Personen genauer erklärten, anstatt ihnen nur Verhaltensmaßregeln zu geben, hätten sie es auch leichter, sich darauf

einzustellen. Warum sollen sie nicht wissen, daß Onkel Herbert und Tante Gertrud sich gerade getrennt haben, daß der Onkel traurig ist und vorübergehend keine Lust für Kissenschlachten hat, und daß man besser auch nicht nach Tante Gertrud fragt. Noch besser wäre es freilich, der Onkel spräche selbst mit ihnen darüber.
Auch die Eigenheiten der Oma werden einsichtiger, wenn darüber gesprochen wird. Sie ist sehr lieb, diese Oma, kocht Lieblingspudding und erzählt Märchen, aber sie mag keine „schlimmen Ausdrücke" und wird böse, wenn man mit dem Essen manscht.

Wenn ich ihnen Geschichten aus Omas Kindheit erzähle, wo es für jedes „böse" oder aufsässige Wort Strafe gab, werden sie leichter verstehen, daß ihr das so sehr in Fleisch und Blut übergegangen ist. Ebenso das mit dem Essen, wenn sie wissen, wie wenig zu essen es für die große Familie manchmal gegeben hat, wie hungrig die oft waren. „Geschichten von damals" mögen die meisten Kinder recht gern, allerdings nur, wenn sie lebendig und ohne moralischen Zeigefinger erzählt werden. Sie sollen sich diesen Menschen, der damals auch ein Kind war, vorstellen können, dann wird er ihnen, wie er heute ist, lebendiger und verständlicher werden. Dann werden sie sich auch eher bemühen, Rücksicht zu nehmen. Rücksicht nehmen lernen sie aber nur, wenn sie erleben, daß auch auf ihre Wünsche und Eigenheiten Rücksicht genommen wird.

Restaurantbesuche ohne Schrecken

Auch Eltern mit Kindern möchten sich gelegentlich das Vergnügen gönnen, auswärts essen zu gehen. Insbesondere Mütter genießen es, mal vorgesetzt zu bekommen, was sie nicht selbst zubereiten mußten. Aber unter ungünstigen Bedingungen kann eine solche Unternehmung zum Streß für alle Beteiligten werden. Wie aber schafft man günstige Bedingungen?
Es gibt im Prinzip zwei Arten von Restaurants: Solche, in denen man in weihevoller Ruhe kulinarisch Erlesenes genießen möchte, und solche, in denen man in kurzweiliger und interessanter Umgebung schmackhaft essen kann. Nur letztere sind für Kinder geeignet.

Nicht jeder Erwachsene ist ein routinierter Austern- oder Hummeresser. Kinder sollen aber bei jeder Mahlzeit so „sittsam" essen, wie Knigge das vorschreibt. Kein Wunder, wenn ihnen der Appetit vergeht...

Edle Tischtücher, schmale Blumenväschen und brennende Kerzen sind nur dann stimmungsvoll, wenn man sie nicht ständig festhalten muß und nicht mit mindestens einem umgestoßenen Saftglas pro Mahlzeit zu rechnen hat. Rustikale Tische sind Kindern besser gewachsen.

Schon Erwachsene warten nicht gern lange aufs Essen, Kinder erst recht nicht. Die Frage: „Wie lange wird es etwa dauern?" schützt vor ärgerlichen Erfahrungen. In meiner Familie haben wir uns manchmal über die Runden gerettet, indem einer nach dem Auswählen am Tisch sitzenblieb, der andere mit den Kindern vors Haus ging. Inzwischen kenne ich auch Restaurants mit einem kleinen Spielplatz vor dem Haus.

Aber auch, wenn die Kinder im Raum bleiben, müssen sie nicht zum qualvollen Stillsitzen verdonnert werden. Sicher können sie nicht zu mehreren zwischen den Tischen Fangen spielen, aber manch eines geht gern umher und hält einen Schwatz mit diesem oder jenem Gast. Lassen Sie es ruhig – auch andere langweilen sich oft beim Warten und freuen sich darüber. Überlegen Sie gelassen, ob das, was Ihr Kind tut, wirklich jemanden unzumutbar stört, oder fragen Sie einfach, wenn Sie im Zweifel sind – dann kommen vielleicht über die Kinder sogar Erwachsene ins Gespräch.

Vielleicht finden Sie im Restaurant Ihrer Wahl aber auch ein Kistchen mit Bilderbüchern oder Spielzeug für kleine Gäste, oder

Sie nehmen selbst ein bißchen was mit. Zur Not läßt sich auch mit Bierdeckeln einiges anfangen. Ein freundlicher Kellner bringt noch ein paar mehr, wenn die auf dem Tisch nicht reichen. Kinderstühlchen und Kinderportionen sind hoffentlich inzwischen eine Selbstverständlichkeit. Aber manches Kind weiß auch nicht recht, worauf es sich da einläßt und mag das Bestellte dann doch nicht. Haben Sie keine Hemmungen, für ein kleines Kind mit kleinem Hunger einfach einen zusätzlichen leeren Teller zu bestellen, auf dem Sie ihm von Ihrem Essen abgeben, was es sieht und mag.

Über Tischsitten sind die Ansichten sehr verschieden

Ich meine, auch hier ist die Grenze da, wo das Verhalten des einen dem anderen den Appetit verdirbt. Aber ich finde nichts dabei, wenn auch im Restaurant ein kleines Kind Kartoffel- oder Fleischstücke mit den Fingern aufnimmt oder mit dem Löffel Saucenstraßen ins Kartoffelpüree zieht. Das stört weniger, als wenn es durch Ihre ständige Mahnerei grantig und quengelig wird. Ich kenne niemanden, der nicht als Erwachsener in der Lage wäre, gesittet mit Messer und Gabel umzugehen, auch wenn man ihn als Kind nicht ständig dazu angehalten oder gar gezwungen hat.
Früher oder später gerät mir jede Behandlung dieses Themas zu einem Loblied auf „den Italiener". Nach meiner Erfahrung werden hier Kinder meist mit der gleichen Höflichkeit nach ihren Wünschen gefragt und beraten wie die Erwachsenen. Und die Kellner machen selbst mit Armen voller Teller gelassen einen Bogen um das auf dem Boden kriechende Bambino. Manchmal bekommt man dort auch (jedenfalls hier in Berlin) zu einem Erwachsenengericht gratis einen Kinderteller mit Spaghetti – und welches Kind ißt die nicht gern?
Nachsicht ist freilich auch dabei vonnöten – kaum ein Erwachsener kann Spaghetti formvollendet verspeisen –, und für Kinder ist die Lutsch- und Saugmethode immer noch die einfachste, auch wenn sie hinterher eine große Serviette fürs Gesicht brauchen. Über weiße Tischtücher sprachen wir ja schon...

Noch eine Bitte: Wenn Sie ein Restaurant kennenlernen, in dem man sich um Kinder und ihre Bedürfnisse besonders bemüht, dann äußern Sie sich anerkennend, und geben Sie Ihre Erfahrung an andere Eltern weiter. So können Sie dazu beitragen, daß das Schule macht.

In keiner Familie gibt es nur Sonnenschein, nur Freude. Sowenig wie es nur Frust, nur Ärger gibt. Mit Kindern leben lernen heißt, jeden Tag mehr Einsicht, mehr Wohlwollen und Verständnis füreinander zu entwickeln.

Kinder sind Grenzgänger zwischen Phantasie und Wirklichkeit

Wissen Sie eigentlich, wie viele Löwen unter dem Bett Ihres Kindes schlafen und wie viele Eisbären es im Kühlschrank versteckt hält? Wenn Kinder selbst erfundene Geschichten erzählen, hören wir oft nur ein wirres Durcheinander widersprüchlicher Gedanken ohne erkennbaren Sinn. Wir sind dann leicht geneigt, Ordnung in die Geschichte zu bringen, Widersprüche aufzulösen oder das Ganze einfach als „Spinnerei" abzutun. Aber wir täten besser daran, solche Geschichten nicht mit dem kritischen Verstand zu prüfen, sondern dem Gefühlsgehalt der Phantasien nachzuspüren.

Und auf einmal wird aus dem Bär ein Tiger, der mit einem Haps alle auffrißt.

„Da war ein großer Hund und ein kleiner Affe, und der Affe hat immer gesagt: du bist ein blöder Hund! Und da wollte ihn der Hund beißen. Und der Hund hat gesagt, du bist ein blöder Affe! Und da hat der Affe mit Dreck geschmissen, da war der Hund ganz bekleckert. Und auf einmal hat der Affe auch ganz große Zähne gehabt und hat dem Hund ein Bein abgebissen. Und der Hund hat auch gebissen. Aber dem Affen hat das überhaupt nicht wehgetan. Und dann ist er ganz schnell auf einen Baum geklettert, und da konnte der Hund ohne sein Bein nicht hinterher. Und da kam ein Krokodil und hat den Hund aufgefressen. Und da hat der Affe dem Krokodil den Schwanz abgebissen, und da war der Hund drin, weil er zum Po wieder rauskriechen wollte, und da war der Hund im Bauch von dem Affen. Und der Hund war tot und das Krokodil auch und bloß der Affe nicht." Die fünfjährige Silke, die das erzählt, ist recht ängstlich. In dieser Geschichte setzt sie sich mit stark und schwach auseinander. Was darf sich ein Schwächerer einem Stärkeren gegenüber leisten? Hat er nicht auch Stärken, die ihm Vorteile verschaffen?

Aber was das Schöne an der Phantasie ist: Sie braucht sich um die Bedingungen der Realität nicht zu kümmern. Da wird der Schwächste auf einmal zum Stärksten, er wird gebissen, und es tut einfach nicht weh. Und es muß auch nicht geklärt werden, woher auf einmal das Krokodil kommt.

Am Anfang ist Silke wahrscheinlich von einer Vorlage ausgegangen, die sie aus einem Bilderbuch oder aus dem Fernsehen kannte. Das Thema: „Schwacher neckt Starken" fiel bei ihr auf fruchtbaren Boden. Sicher wünscht sie sich selbst oft so eine Situation, in der sie sich einem Stärkeren gegenüber ungestraft etwas herausnehmen kann. Und dann gestaltet sie den Fortgang so, wie sie sich ihn erträumt: Der Schwache ist gar nicht so schwach, der Starke begegnet einem noch Stärkeren, und zum Schluß triumphiert der Schwache über alle beide.

Oft sind solche Kinderphantasien Auseinandersetzungen mit eigenen Ängsten, Sorgen und Wünschen. Oder auch mit eigenen Bedürfnissen, die von der Umwelt moralisch verurteilt werden. Da erzählt ein Vierjähriger eine wilde Story von einem bösen „Charly", der überall umhergeht, Leute beleidigt und verpönte

Kinderphantasien sind oft Auseinandersetzungen mit ihren eigenen Ängsten und unerklärbaren Situationen oder nicht erlaubten Bedürfnissen.

Schimpfworte benutzt. Als Charly an einen Polizisten gerät, liefern sich die beiden zunächst eine wüste Schimpfkanonade, aber dann beschließen sie, daß der eine mit den Beleidigungen aufhört. Allerdings lassen sie sich gemeinsam ein Schlupfloch offen: „Nur Scheiße sagen ist erlaubt!“

Der Vierjährige hat hier mehrere Fliegen mit einer Klappe geschlagen. Mit „Charly“ kann er seinem Bedürfnis nach Schimpfwörtern erst mal freien Lauf lassen, mit der sozialen Übereinkunft der beiden sein Gewissen (sprich: seine Eltern) beruhigen, und dann findet er noch für künftige Konfliktfälle eine wirklich gute Lösung: Ein bißchen Schimpfen muß erlaubt bleiben!
Wenn wir Erwachsenen hier eingreifen, indem wir das Realitätsprinzip verteidigen oder den Moralapostel spielen, machen wir die Phantasie kaputt.

Einfach mal in eine andere Rolle schlüpfen!

Einmal Eisprinzessin sein! Einmal ein großer Star auf der Bühne! Träume müssen sein – sie lassen die eigene Rolle besser finden.

Kinder lieben Rollenspiele. Ohne Mühe verwandeln sie sich nacheinander in einen Busschaffner, eine Krankenschwester, einen wilden Löwen. Und sie brauchen dazu auch kaum Requisiten. Dem Schaffner genügt ein Stempel, der Krankenschwester ein Bleistift als Spritze, dem Löwen sogar das markige Gebrüll. Aber die Kinder imitieren das Verhalten der Dargestellten, so wie sie es erleben. Und sie begreifen dabei manches, was über den Verstand zu erklären und zu erfassen noch sehr schwierig wäre.

Da weiß eine Vierjährige, daß sie demnächst für ein paar Tage ins Krankenhaus muß. Seitdem spielt sie Arzt und Patient. Als fürsorgliche Ärztin behandelt sie ihre Puppenkinder zärtlich und drückt damit aus, wie sie selbst sich die Behandlung im Krankenhaus wünscht. Vielleicht wütet sie aber auch als Doktor Eisenbart, drangsaliert ihre Patienten und gibt damit ihren Ängsten Ausdruck. Wer sich in diese kindlichen Spiele hineindenken kann, findet hier Ansatzpunkte, bei der Bewältigung schwieriger Situationen zu helfen. Übernimmt die Mutter zum Beispiel die Rolle der Patientin dieses Doktor Eisenbart, kann sie ihm klarmachen, daß er sich so nicht benehmen darf, daß sie sich dagegen wehren kann. Oder sie übernimmt selbst einmal die Rolle der Ärztin und spielt mit dem Kind durch, was mit ihm geschehen wird, und wie es danach wieder gesund sein wird.

Manchmal wird uns Erwachsenen auch im Rollenspiel der Kinder ein Spiegel vorgehalten. Wir sollten selbstkritisch in diesen Spiegel blicken

Warum spricht die „Mutter" mit ihren Puppen immer in kurzen Kommandosätzen? Warum sagt sie immerzu: „Ich habe jetzt keine Zeit"? Warum setzt sie ihre Puppenkinder unentwegt auf den Topf und schimpft dann mit ihnen, weil sie doch in die Hosen gemacht haben? Oder warum wählt der Sohn, wenn er mit seinen Tieren Familie spielt, immer das Lämmchen als Mutter, den Elefanten als Vater und das Äffchen als Kind?

Ich habe zwar gesagt, daß Kinder für diese Spiele kaum Requisiten brauchen. Trotzdem sind Spielsachen, die zum Hineinschlüpfen in andere Rollen anregen, sehr beliebt. Nur so perfekt und teuer, wie wir Erwachsenen oft glauben, müssen sie nicht

In eine andere Rolle schlüpfen heißt auch, sich die Qualität eines anderen zu eigen zu machen: mutig wie ein Tiger, raffiniert wie eine Katze, oder schön wie eine Prinzessin zu sein.

sein. Arztkoffer und Frisierkasten sind ja ganz schön, aber Heftpflaster, Mullbinden, Lockenwickler aus eigenen Beständen tun es auch. Und – schier unerschöpflicher Quell begeisterter Kin-

Was die Sprache nicht so recht schafft – Mimik und Gestik sagen dem alles, der hinzuschauen vermag.

derspiele – eine Kiste ausgedienter Kleider, Unterröcke, Hüte und Handtaschen. Kinder verkleiden sich mit Begeisterung.

Träume müssen sein

Viele Erwachsene glauben, wenn ein Kind in die Schule kommt, müsse langsam Schluß sein mit der Spinnerei. Schließlich solle es sich jetzt mit der Realität auseinandersetzen.
Aber die Phantasie hat für die menschliche Seele eine ganz wichtige Funktion. In der Phantasie ist alles möglich. Nichts ist unmöglich, nichts sollte verboten sein. In unserer Phantasie können wir unseren Wünschen und Idealen nachspüren, sie besser kennenlernen und vielleicht dadurch Wege finden, sie zu realisieren.
Nicht wir sollten die Kinder lehren, sich auf die Realität zu konzentrieren, wir sollten auch von den Kindern lernen, unsere eigenen Phantasien wichtiger zu nehmen, als wir das vielfach tun. Wir sollten uns nicht das Träumen verbieten, wenn die Realisie-

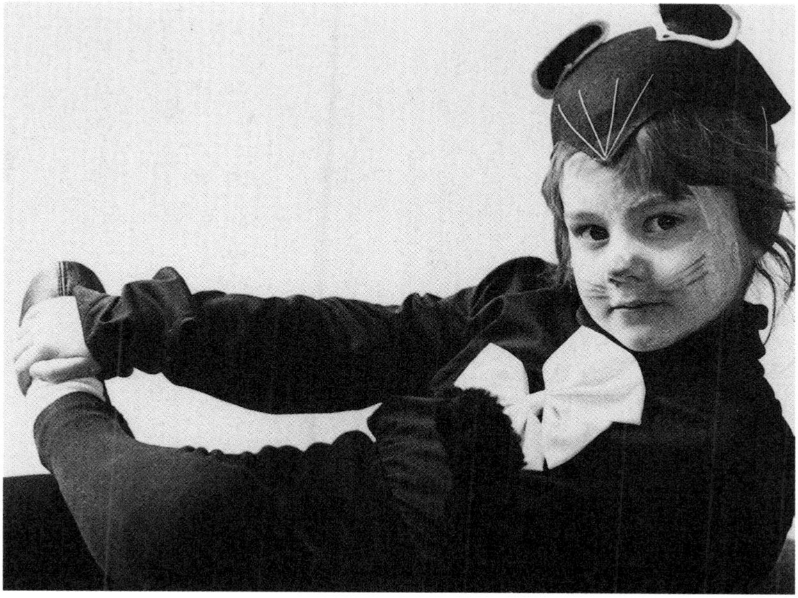

In der Phantasie ist alles möglich – nichts ist unmöglich. Da gehen die Träume spazieren über alle Grenzen hinweg...

rung der Träume unmöglich erscheint, oder wenn wir das, was wir insgeheim wünschen, moralisch nicht vertreten können. Warum „spinnen" wir nicht manchmal mit unseren Kindern um die Wette, lassen gemeinsam unsere Träume spazierengehen über alle Grenzen des Wirklichen und Möglichen hinweg?

Liebt Ihr Kind auch verbotene Spiele?

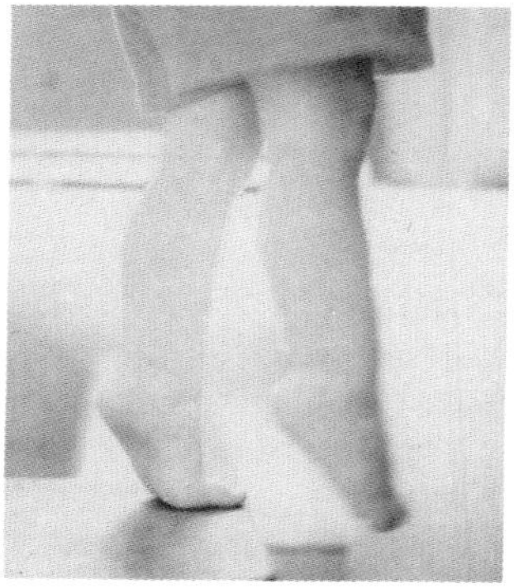

Was verboten ist, macht erst so richtig scharf. Aber da Kinder neugierige Wesen sind, nützen Verbote oft wenig und Strafe schon gar nichts.

Es gibt Spiele, zu denen wird man von den Erwachsenen angeleitet – „spiel doch mal ..." Und andere, von denen man am besten nichts erzählt. Ich meine nicht die sexuellen, die stehen noch auf einem anderen Blatt. Aber zum Beispiel die Klingelstreiche. Manche Leute wissen ein Klagelied davon zu singen. Aber haben Sie früher nie mit vor Angstlust klopfendem Herzen hinter einem Busch gehockt und einen Erwachsenen schimpfen hören, der Sie nicht sehen konnte? Ich denke, Kinder brauchen das! Wo sonst können Däumlinge noch das Gefühl auskosten, Macht zu haben? Ertragen wir also diese Streiche, sie sind unangenehm, aber harmlos. Müssen wir überhaupt so viel verbieten? Es ist doch schon fast alles verboten – das Spielen im Treppenhaus, das Betreten des Rasens, das Rollerskating im Park. Kaum noch eine Stelle, wo Kinder machen können, was sie wollen, ohne ständige Kontrolle durch Erwachsene. Wie sollen sie da selbst Verhaltensmaßstäbe entwickeln, wenn alles bereits reglementiert ist? Regeln, die man so einfach aufgedrückt kriegt, wecken selten Einsicht, eher Widerstand.

Was verboten ist, das macht uns gerade scharf!

Aber müssen wir nicht bestimmte Spiele verbieten, weil sie zu gefährlich sind? Das Spiel mit dem Feuer zum Beispiel. Ich kenne kein Kind, das nicht gerne kokelt. Die geahnte Macht des Feuers, das man beherrschen kann, das aber auch außer Kontrolle geraten kann, das muß wohl das Faszinierende daran sein. Und wie lernt man, es zu beherrschen? Nur durch Üben! Schaffen Sie Ihrem Kind Gelegenheiten zum Zündeln, bringen Sie ihm dabei die nötigen Sicherheitsvorkehrungen bei und die Techniken fürs Löschen. Es ist dann weniger in Versuchung, heimlich zu zündeln. Und wenn doch, wird es eher damit umgehen können oder Hilfe holen. Kinder, denen das streng verboten ist, die Angst vor Strafe haben, geraten leichter in Panik und rennen weg. Der Schaden, man liest das gelegentlich, kann immens sein.

Verbieten Sie auch nicht den Kontakt mit dem etwas fragwürdigen Spielkameraden – lassen Sie ihn ins Haus kommen. Da lernen Sie ihn besser kennen und vielleicht sogar schätzen. Oder Sie können Ihrem Kind konkreter begründen, was Sie an diesem Jungen auszusetzen haben.
Verbieten Sie nicht die Teilnahme an bestimmten Spielen, sonst belügt Sie Ihr Kind womöglich und geht heimlich hin. Und dann haben Sie gar keinen Einfluß mehr.
Verbote schützen Kinder nur, so lange die Einhaltung auch kontrolliert werden kann. Aber wie weit reicht das schon? Viel wichtiger ist eine eigene, innere Kontrollinstanz, die „nein" sagt, wenn etwas zu weit geht. Wenn Sie nicht mit Verboten und Strafen reagieren, wird Ihr Kind Ihnen (zumindest gelegentlich) von solchen „Dummheiten" erzählen, und Sie können die Grenzen gemeinsam ausloten. Sie können ihm zeigen, daß Sie seiner eigenen Urteilskraft vertrauen. Es fühlt sich dann nicht von Ihren Verboten gegängelt, sondern von Ihrem Vertrauen begleitet. Und das ist viel wirksamer.
Freilich wird Ihr Kind die Grenzen nicht immer genau da setzen, wo Sie das möchten. Erwachsene sind ja so ängstlich! Aber eine Portion Herzklopfen gehört auch zum Erziehungsgeschäft.

Wenn ein Kind ohne Absicht etwas zerbricht, fällt es ihm schwer zu begreifen, daß es trotzdem der Täter sein soll.

Wie erfahren Kinder, was Ehrlichkeit bedeutet?

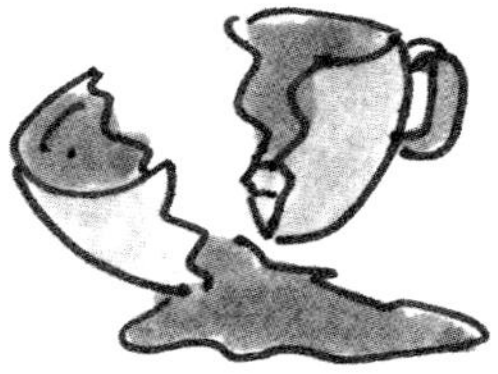

Die dreijährige Anja steht betreten vor den Scherben der Porzellandose, die eben noch oben im Regal stand. Die Mutter, durch das Geräusch herbeigerufen, herrscht sie an: „Warst du das?"
„Nein!" erklärt Anja sehr entschieden, „die hat der Wind runtergepustet."
Hat Anja gelogen? Ich behaupte, nein. Selbst wenn die Dose bei Anjas Versuch herunterkippte, den Inhalt zu untersuchen. Anja wollte sie nicht kaputtmachen, sie weiß auch, sie durfte nicht

Zündeln ist für Kinder ein faszinierendes Erlebnis. Wenn es ihnen an sicheren Orten untersagt ist, tun sie es heimlich. Dann ist die Katastrophe oft groß, weil sie ungeübt sind und vom Löschen keine Ahnung haben.

drangehen. Sie wünscht in diesem Moment so sehr, nicht Urheber dieses Mißgeschicks zu sein, daß sie den Wunsch für die Tatsache nimmt und auch fest überzeugt ist, es nicht gewesen zu sein. Also muß es jemand anders gewesen sein – wahrscheinlich der Wind, der ja neulich auch den Blumentopf „runtergepustet" hat.
Die Grenze zwischen Phantasie und Realität ist in den Jahren bis zur Schulzeit oft noch so fließend, daß Vorgestelltes von Erlebtem nicht klar unterschieden werden kann. Deshalb sind auch all die Phantasiegeschichten, die jüngere Kinder erzählen – vom Indianer, den sie gesehen haben, oder von dem ausgedachten Spielfreund, mit dem sie den Nachmittag verbracht haben, keine Lügen. Von Lügen sollten wir erst sprechen, wenn jemand bewußt die Unwahrheit sagt, um dadurch einen Vorteil zu haben.
Petras Mutter bescheinigt ihrer Tochter, daß sie am Freitag nicht zur Schule kommen konnte, weil sie Halsschmerzen hatte. Dabei wollte die Familie ein verlängertes Wochenende für eine kurze Reise nutzen.
Hat Petras Mutter gelogen? Ja, sie hat! Was gleichzeitig heißen soll: Unser Erwachsenendasein ist so voller großer und kleiner Lügen, daß es uns schlecht ansteht, jede Kinderlüge zu einem großen moralischen Problem zu machen.

Wer lügt, fürchtet sich, durch die Wahrheit im Nachteil zu sein

Wir müssen eine Atmosphäre schaffen, in der Offenheit und Ehrlichkeit viele Vorteile, aber keine Nachteile haben.

Was wollen Sie, mag da einer antworten, das sind doch Notlügen! Manchmal kann man eben nicht anders.
Und wie steht es mit der Not unserer lügenden Kinder? Selbst wenn wir Anja nicht ihr Alter zugute halten und ihr unterstellen, sie habe tatsächlich gelogen (aus Angst vor der Strafe). Lügen Sie nie, wenn Sie als Autofahrer von der Polizei eines Verkehrsvergehens beschuldigt werden? Die pädagogische Konsequenz daraus kann nur sein: Wenn wir nicht wollen, daß unsere Kinder uns belügen, dann müssen wir eine Atmosphäre schaffen, in der Offenheit und Ehrlichkeit viele Vorteile, aber keine Nachteile haben. Eine Atmosphäre, in der man zu einem Fehler, den man gemacht hat, auch mal stehen kann, ohne das Gesicht zu verlieren.
Da ist in der Schule eine Arbeit geschrieben worden – Detlef hat eine 6 bekommen –, die wagt er zu Hause nicht vorzuzeigen, weil die Eltern sich immer so schrecklich aufregen. Er behaup-

Eine Klassenarbeit mit schlechter Note verheimlichen, bringt Streß für das Kind und die Eltern. In einem offenen Klima kann man auch Niederlagen eingestehen.

tet, die Arbeit sei noch nicht zurückgegeben worden. In der Schule muß er dann den Lehrer belügen, der eine Unterschrift der Eltern sehen will. Und so zieht oft wie in einer Kettenreaktion eine Lüge die andere nach sich, und die Not des Kindes wird immer größer. Hätte es doch von Anfang an offen mit seinen Eltern reden können! Sicher hätten sie gemeinsam einen Weg gefunden, wie er in Mathematik wieder besser werden kann.

Zu den Vorteilen der Offenheit und Ehrlichkeit gehört auch, daß man sich auf das, was der andere sagt, unbedingt verlassen kann.

Jörg hat Angst, abends allein zu bleiben. Die Eltern aber möchten nicht immer zu Hause sitzen. Deshalb stehlen sie sich manchmal leise davon, wenn er eingeschlafen ist. Auf seine ängstlichen Fragen beim Schlafengehen erklären sie aber immer, sie würden dableiben, denn sonst würde er ja nicht ruhig einschlafen.

Eines Tages wird Jörg feststellen, daß man sich auf das, was die Eltern sagen, nicht verlassen kann

Ob ihn das geneigter macht, selbst immer verläßliche Antworten zu geben?

Es stürzt Kinder in schier unlösbare Konflikte, wenn sie in bestimmten Situationen die Wahrheit sagen sollen. Dürfen sie sich durch Schweigen retten? Oder sollen sie lügen?

Torstens Mutter hat im Kinderzimmer ein bißchen entrümpelt. Sie hat einiges weggeworfen, wovon sie fest überzeugt war, der Junge würde es nicht mehr brauchen. Jetzt sucht Torsten die Radkappe, die von seinem schönen großen Auto abgegangen ist. „Hast du die etwa auch weggeworfen?" fragt er entgeistert. Die Mutter erinnert sich. Sie hielt das blanke Ding für wertlos. Soll sie lügen und ihn weitersuchen lassen? Sie entschließt sich zur Ehrlichkeit. Torsten heult, schimpft, sie verteidigt und entschuldigt sich, und beide vereinbaren schließlich, daß sie in Zukunft immer beide gemeinsam entrümpeln werden. Das war sicher unbequemer als zu lügen, aber Torsten hat nun das Gefühl, sich auf die Worte seiner Mutter verlassen zu können.
Trotz unserer Bemühungen und unseres guten Vorbildes mag freilich der Anspruch auf eine ehrliche Antwort ein Kind manchmal in einen schier unlösbaren Konflikt stürzen. Es möchte nicht lügen. Es möchte aber auch auf keinen Fall die Frage des Vaters ehrlich beantworten. Vor Gericht darf man in solchen Fällen manchmal die Aussage verweigern. Wäre das nicht auch in der Erziehung eine Möglichkeit?

Es muß ein Bedürfnis sein, die Wahrheit zu sagen. Wird ein Kind dafür bestraft, erlischt sein Wahrheitsbedürfnis

Wie viele Lügen blieben wohl unausgesprochen, wenn ein „Darüber möchte ich jetzt nicht reden" akzeptiert würde?
Nur auf diese Weise können wir ein Klima schaffen, in dem Ehrlichkeit keine moralische Forderung ist – durchgesetzt womöglich mit Strafen –, sondern ein Bedürfnis, verwoben mit den Bedürfnissen nach Zuwendung, Wärme, Vertrauen, Achtung, die ohne gegenseitige Wahrhaftigkeit nicht recht gedeihen können.

Was wäre gewesen, wenn ich nicht gelogen hätte? Nur so geben wir den Kindern ein Beispiel an Ehrlichkeit, aber nicht, wenn wir für sie Normen aufstellen, an die wir uns selbst nicht halten.

Es wird sich allerdings nicht vermeiden lassen, daß unsere Kinder spätestens in der Schule erleben, daß Unehrlichkeit Vorteile, Ehrlichkeit aber erhebliche Nachteile haben kann – dann nämlich, wenn sie im Diktat voneinander abschreiben oder sonstwie mogeln. Sollen wir auch in solchen Fällen auf dem strikten „Du sollst nicht" bestehen? Ehrlicher sind wir, wenn wir dies gleichsetzen mit den Beispielen, in denen wir selbst unehrlich sind. Wenn wir an solchen aktuellen Beispielen – eigenen oder denen der Kinder – immer wieder besprechen: War das ehrlich? Warum habe ich gelogen? Habe ich damit jemanden enttäuscht, der mir vertraut? Hat mein Versuch, mir einen Vorteil zu erschwindeln, einem anderen geschadet?

Als Konsum-Kid wird man nicht geboren

Kaum ein Spruch ist unter Kindern so beliebt und so bekannt wie dieser: Alle anderen dürfen das – nur ich nicht! Alle haben das – nur ich nicht! Wenn unsere Kinder recht haben, bekommen alle anderen mehr Taschengeld als sie, dürfen abends länger aufbleiben oder allein mit dem Bus fahren und tragen alle das tolle Sweatshirt, das zu kaufen wir uns gerade sträuben. Wir aber möchten uns nicht gern von einer anonymen Mehrheit vorschreiben lassen, was wir für richtig halten, und wir möchten auch nicht, daß unser Kind auf jede Mode hereinfällt. Was also tun?

In der Taschengeldfrage lohnt es wirklich, genauer zu fragen, was dieser und jener bekommt, vor allem aber, was jeder von seinem Taschengeld kaufen muß. So manche große Summe schmilzt zusammen, wenn man hört, daß davon Monatskarte und Schulhefte zu kaufen sind.

Es ist auch keineswegs ehrenrührig, dem Kind zu erklären, daß in der Familie der Freundin zwei Elternteile gut verdienen, sie aber nur ein Kind haben, während bei Ihnen vielleicht nur einer mit einem nicht gerade üppigen Einkommen eine große Familie ernährt.

Geben Sie Ihrem Kind die Chance, selbst Erfahrungen mit Geld und Konsum zu machen

Es wird immer das eine oder andere Kind übrigbleiben, das wirklich Summen zur freien Verfügung hat, die wir für unangemessen hoch halten, unser Sohn, unsere Tochter aber nicht. Wie lebt dieses Kind denn sonst so? Widmen seine Eltern ihm viel Zeit, oder beruhigen sie ihr schlechtes Gewissen, indem sie ihm besonders viel Geld geben? Möchte Ihr Kind wirklich mit ihm tauschen? Bei genauem Hinsehen findet es sicher an seiner eigenen Situation eine Menge Vorteile, die das geringe Taschengeld wieder wettmachen. Und ähnliches gilt sicher für den Freund, der abends in die Disco darf oder nie pünktlich zu Hause sein

Was man zunächst dringend haben möchte, ist rasch ein alter Hut. Und obwohl die Werbung versprochen hat, daß alles ganz toll sei, ist an dem Ding rein gar nichts dran.

muß. Es geht uns doch gelegentlich auch so, daß wir an der Situation eines anderen nur das Positive sehen und dann vielleicht neidisch sind – bis wir darauf gestoßen werden, daß er wiederum woanders seine Probleme hat, die uns erspart bleiben. Aber es kann natürlich auch sein, daß Sie so einen kritischen Vergleich zum Anlaß nehmen müssen, das Taschengeld mal wieder zu erhöhen, mal wieder zu überprüfen, ob das, was Sie erwarten, dem Alter des Kindes noch angemessen ist.
Und was ist, wenn die Tochter unbedingt ein bestimmtes Fahrrad, die Puppe, die Schuhe, die Rollerskates haben will, die angeblich alle anderen auch schon haben? Die Reklame dafür ist raffiniert gemacht – da werden Wettbewerbe veranstaltet, an denen nur teilnehmen kann, wer ein bestimmtes Spielzeug schon besitzt, da werden, hat man erst mal eine Grundausstattung, Dutzende von Zusätzen erfunden, die man dann unbedingt auch noch kaufen soll.

Das Kind ist dem recht hilflos ausgeliefert, wenn wir es nicht von klein auf zum kritischen Käufer erziehen. Wie halten wir es eigentlich selbst? Fallen wir nicht auch auf manche Reklame herein? Wie viele elektrische Geräte zum Beispiel haben Sie sich aufschwatzen lassen, nur um nachher festzustellen, daß Sie eigentlich auch recht gut ohne ausgekommen wären? Wie oft kau-

Alle Erwachsenen müssen die Erfahrung machen, daß ihnen viel mehr angeboten wird als sie brauchen oder finanziell verkraften können. Sie lernen oft recht mühsam, sich zu bescheiden. Und wie lernen Kinder?

fen Sie, ohne groß nachzudenken, den bekannten Namen, ohne Produkt und Preis kritisch zu prüfen? Wie oft reizt Sie die Tatsache, daß Bekannte etwas Neues erworben haben, dazu, es auch zu kaufen? Ich glaube, es ist wichtig, daß wir mit der Erziehung bei uns selbst anfangen und unsere Kinder dann auch an unseren Überlegungen teilhaben lassen.

Andererseits sollten wir bedenken, daß dies angesichts der massiven Reklame ein langsamer Prozeß sein wird, bei dem wir an unsere Kinder nicht so strenge Anforderungen stellen dürfen wie an uns selbst. Denn sie sind in ihrem Selbstwertgefühl noch viel stärker von Äußerlichkeiten abhängig als wir. Das anzuhaben, was alle anhaben, das zu besitzen, womit auch die anderen spielen, das bedeutet dazuzugehören, anerkannt zu sein. Und nur wer von anderen anerkannt ist, kann von sich selbst überzeugt sein. Nach dem Motto zu leben: Was scheren mich die anderen, ich tu, was ich für richtig halte! – das können nur Erwachsene – und auch die – siehe oben – nicht immer und nicht alle.

Wir werden auch hinnehmen müssen, daß unsere Kinder bestimmte Erfahrungen selbst machen müssen, bevor sie etwas einsehen. Erst wenn ich ihnen beweisen kann, daß ein bestimmtes Spielzeug, das erst so ungeheuer wichtig war, seit Monaten vernachlässigt in der Ecke liegt, weil inzwischen längst eine neue Mode ausgebrochen ist, werden sie es mir glauben. Erst wenn ein Kind ein paarmal gründlich unter Schlafmangel gelitten hat, wird es begreifen, daß rechtzeitiges Ins-Bett-Schicken nicht nur eine Schikane der Erwachsenen ist.

Einsehen aber ist wichtig! Strenge elterliche Maßstäbe, mit Verboten durchgedrückt, nähren nur geheime Wunschträume, die oft noch das Leben der Erwachsenen nachhaltig beeinflussen. Ich weiß allerdings, daß das Regulieren kindlicher Wünsche mit Ge- und Verboten zunächst viel einfacher ist, als das endlose Debattieren, Erklären, Verhandeln um jede neue Einzelheit.

Leichter wird es schon, wenn mehrere Eltern sich absprechen und zusammenhalten. Wenn zur Klassenfahrt alle das gleiche Taschengeld bekommen, zieht das „alle anderen....“ nicht mehr. Wenn nicht eines, sondern vier Kinder ihre namenlosen, aber preiswerten Turnschuhe tragen, tragen sie sie vielleicht mit Stolz, weil sie nicht so dumm sind, auf jede Reklame hereinzufallen.

Die Erziehung Ihres Kindes beginnt bei Ihnen selbst – Wunsch und Wunscherfüllung sind längst nicht dasselbe.

Allerdings verlangt auch dies wieder, daß Eltern mit der Erziehung bei sich selbst beginnen. Haben Sie Hemmungen, vor anderen zuzugeben, daß Ihnen die allgemein beliebte Schulmappe einfach zu teuer ist? Leidet Ihr Selbstbewußtsein, wenn andere vielleicht annehmen, daß Sie sich bestimmte Dinge nicht leisten können?

So lange wir meinen, uns gegenseitig Konkurrenz machen zu müssen, werden wir nicht zusammenhalten können. Und so lange werden wir auch, genau wie unsere Kinder, anfällig bleiben für Moden und für geschickte Reklame.
Machen Sie es sich doch zur Regel, bei allen eigenen Konsumwünschen erst einmal abzuwarten und zu prüfen, ob dieses Wunderbügeleisen, dieses Wundergeschirr für Sie wirklich so nutzbringend und zweckmäßig ist, wie es die Reklame verspricht. Lassen Sie Ihr Kind daran teilhaben. Es lernt so am ehesten, daß Wunsch und Wunscherfüllung längst nicht dasselbe sind.

Kinder im Einkaufsparadies

Mir tun sie immer von Herzen leid, die jungen Mütter, die mit einem oder gar mit mehreren Kindern im Supermarkt oder im Warenhaus versuchen, ihre Einkäufe zu erledigen. Entweder, sie ringen mit einem protestierenden Bündel, das aus der Umklammerung des Einkaufswagens zu fliehen versucht, oder sie sind ständig hinter ihm her – suchen, mahnen, schelten.

Oft möchte ich ihnen aber auch sagen: Nun laßt sie doch mal! Sie haben es doch auch schwer unter diesen Bedingungen, mutet sie doch den anderen Mitmenschen ruhig zu. Warum sollen denn immer nur die Mütter unter den nervtötenden Folgen einer kinderfeindlichen Umgebung leiden?
Kinderfeindlich? Mütterfeindlich!

Immer wieder ziehen Modeartikel durchs Land wie Heuschreckenschwärme. Kinder fühlen sich benachteiligt, wenn sie davon ausgeschlossen werden. Was tun?

Kinder sind nicht verantwortlich, wenn sie kaufen wollen, was sie sehen

Die Organisatoren in den Supermärkten geben sich die größte Mühe, gerade das, was Kinderherzen erfreut, so aufzubauen, daß es von Kindern gut gesehen und bequem erreicht werden kann. Die Folge: Ungefragt schleppen sie an, was ihrer Meinung nach unbedingt noch gekauft werden sollte – Gummibärchen, Keksriegel und Schokoladeneier.

Nun haben Sie von dieser Einsicht nicht allzuviel. Sie sind es, die das Kind davon überzeugen muß, daß es das Ausgesuchte wieder ins Regal zurückbringen soll. Aber es sollte Ihnen wenigstens nicht peinlich sein, wenn es darüber Streit und Gezeter oder gar mal Scherben durch zu ausladende Bewegungen gibt. Sie haben diese erschwerten Bedingungen für Ihr erzieherisches Bemühen nicht zu verantworten.

Die meisten Erwachsenen, die Sie beobachten, werden Sie wahrscheinlich eher bedauern als kritisieren. Sie wären in der gleichen Situation auch nicht klüger. Sicher werden Sie sich nach besten Kräften bemühen, Ihr Kind davon abzuhalten, die geliebten Gummibärchen einfach in der Hosentasche verschwinden zu lassen oder die begehrten Schokoeier unter dem Sweatshirt.

Da ist es schon besser, Ihr Kind zeigt offen her, woran sein Herz gerade hängt. Und Sie sagen, ebenso offen, daß es das – bitteschön – sofort zurücktragen soll. Auch wenn die Leute gucken. Kritisch wird es oft, wenn Mutter (oder doch auch mal Vater?) am Wurststand anstehen muß. Das ist dann besonders langweilig. Aber oft sehe ich Kinder mit viel Eifer derweil kleine Aufträge ausführen. „Mama, diesen Joghurt?“ „Nein, den mit dem roten Deckel.“

Beim Einkaufen trifft man oft interessante Leute. Erwachsene geraten dann ins Schwatzen, Kinder ins Spielen. Ist es wirklich so schlimm, wenn sie zwischen den Regalen Verstecken spielen oder herumalbern?

Auch im Warenhaus können sie, wenn sie nicht mehr gar so klein sind, während Sie Hosen anprobieren, ruhig ein bißchen auf der Etage auf Entdeckungsreise gehen.

Während Erwachsene nach Herzenslust wühlen und wählen, müssen Kinder stillhalten. Warum eigentlich?

Es entsteht doch kein Schaden, wenn sie ein bißchen unter den Kleiderständern herumturnen, sofern sie nicht gerade Schokoladenfinger haben.

Wichtiger finde ich es, sie durch striktes Verbot von den Rolltreppen fernzuhalten – erstens weil es da zu Unfällen kommen kann, zweitens weil es sehr mühsam ist, die Kindersuche auf mehrere Etagen ausdehnen zu müssen. Kinder, denen nur selten etwas verboten wird, sind nach meiner Erfahrung eher geneigt, sich an einzelne, einleuchtend begründete Verbote auch zu halten. Sie haben ja schließlich selbst kein Interesse daran, verlorenzugehen und nicht mehr wiedergefunden zu werden.

Wenn alle ein Eis haben, dann ist es schwer, gerade in diesem Moment „aus Prinzip" verzichten zu müssen. Schadet es dem Kind, wenn es ein Eis bekommt? Warum bekommt es heute eines und morgen keines?

Wenn Sie Ihrem Kind das zutrauen, können Sie es auch in der Spielzeugabteilung zurücklassen und es später dort wieder abholen. Aber das empfiehlt sich wohl erst, wenn es die Uhr lesen kann oder ein einigermaßen sicheres Zeitgefühl hat. Dann kann man genauer vereinbaren, wann man sich wiedertrifft. Allerdings haben Sie dann wahrscheinlich wieder die Last mit 125 Wünschen, die während der Wartezeit geweckt worden sind. Den Inhaber wird es freuen! Üben Sie auf jeden Fall mit Ihrem

Kind, eine Verkäuferin anzusprechen und sich ausrufen zu lassen, falls es mit Ihren Absprachen mal nicht geklappt hat. Sie kennen das ja: „Die kleine Sonja wartet in der Kurzwarenabteilung auf ihre Mutti.“ Am sichersten und am wenigsten belastend ist es natürlich, wenn man die Kinder in einer Spielstube abgeben kann, wo sie während der Einkaufszeit der Eltern betreut werden. Aber nicht jedes Kind ist mit dieser Lösung einverstanden. Gerade die Kleineren bleiben oft lieber im elterlichen Dunstkreis. Dann müssen sie eben mitgehen, und die anderen müssen sie ertragen.

Zickzackkurs macht Leben schwer

„Wohl antiautoritär erzogen, wie?“ – dies ist manchmal der bissige Kommentar von Leuten, die meinen, wir gingen mit unseren Kindern zu nachsichtig um. Aber ist das wirklich so? Heißt verständnisvoll erziehen, alles hinnehmen, nie etwas verbieten?

Muß man sich gleich autoritär vorkommen, wenn man mal „nein“ sagt und trotz kindlichem Protest dabei bleibt?

Der dreijährige Jan hat mehrmals in Geschäften etwas Süßes geschenkt bekommen. Er hat sich daran gewöhnt – bekommt er nichts, drängt er die Mutter, etwas zu kaufen. Zunächst war sie nachgiebig, jetzt wird es ihr zuviel. Keinen Laden kann sie mit dem Jungen ohne Bettelei verlassen. Was tun? Sie wird eine Grenze setzen müssen – zum Beispiel: „Wenn wir einkaufen, bekommst du nur einmal etwas – eine Sache, nicht mehr!“ Und bei der ersten Forderung über dieses Maß hinaus wird sie „nein“ sagen müssen. Die Folge: Es wird zunächst wütendes Gebrüll geben, weil Jan auch im nächsten Laden wieder etwas haben möchte. Das bringt die Mutter in arge Konflikte. Was denken die Leute? Halten die sie für hartherzig oder geizig, wenn sie um einen Lutscher oder ein Eis so ein Gewese macht?

Sie sollte trotz dieser Bedenken nicht nachgeben! Natürlich wird Jan erst einmal mit energischem Protest durchsetzen wollen, was bisher auch ging. Bleibt die Mutter aber ganz konsequent bei ihrem „Nein“, wird er das schließlich begreifen, und seine Proteste werden kürzer und seltener werden.

Was aber geschieht, wenn die Mutter sich hin und wieder doch erweichen läßt? Dann wird Jan den anfänglichen Mißerfolg sozusagen fest einplanen – das „nein“ der Mutter wird für ihn zum Signal, daß er seine Bemühungen steigern, daß er dringender betteln oder lauter schreien muß, um doch noch etwas zu erreichen. Und er wird nie sicher sein können, ob sein Drängen nun Erfolg haben wird oder nicht. Das ist sehr mühsam für ihn! Die Mutter macht also mit ihrem gelegentlichen Nachgeben nicht nur sich, sondern auch dem Jungen das Leben schwer.

Auch wenn Sie auf die Bedürfnisse Ihres Kindes eingehen möchten, braucht es gelegentlich ein „Nein“

Vielleicht liegt die Schwierigkeit mancher Eltern darin, daß sie Konsequenz und Härte verwechseln. Es ist hart, einem Kind ohne zwingenden Grund etwas, was ihm Spaß macht, zu verbieten.

Bleibt die Mutter konsequent bei Ihrem „nein“, wird das Kind schließlich begreifen, daß es zwecklos ist, weiter zu betteln und zu schreien, wenn es etwas erreichen will.

Aber warum verbieten wir eigentlich so vieles, das weder uns noch dem Kind schadet? Vielleicht, weil es unbequem ist oder nicht in unsere Ordnungen hineinpassen will. Daß Eltern sich heute bemühen, mehr auf die kindlichen Bedürfnisse zu achten und einzugehen, ist zweifellos gut. Trotzdem werden Sie gelegentlich „nein“ sagen müssen –

- Wenn dem Kind körperliche Gefahr droht, (wenn es zum Beispiel am heißen Herd hantieren will)
- Wenn Sie sich oder andere vor Überforderungen durch das Kind schützen wollen, (nach dem zwanzigsten Mal Hoppe-Reiter hat selbst die gutwilligste Tante genug)
- Wenn Ihre und die Interessen des Kindes so sehr kollidieren, daß nicht einmal ein Kompromiß möglich ist (wenn Sie wegen eines Termins beim Zahnarzt keinen Umweg zum Entenfüttern machen können).

Und es ist eben nicht hart, sondern hilfreich, wenn Sie beim einmal gesagten „nein“ dann auch konsequent bleiben. Sie erleichtern es Ihrem Kind, bestimmte Grenzen zu erkennen und sich an sie zu gewöhnen. Mal ja, mal nein zur gleichen Sache, das macht unsicher, stellt das Kind immer wieder neu vor die Aufgabe, auszuprobieren, ob es sich durchsetzen kann oder nicht.

Sagen Sie Ihren Kindern, warum Sie keine Waffen mögen?

Wir hätten unsere Kinder gern friedfertig und hilfsbereit. Sie sollen auch lieber aufbauen, konstruieren, herstellen, statt angreifen und zerstören. Deshalb sind die meisten Eltern inzwischen ziemlich allergisch geworden gegen das Unmaß an Waffen, das angeblich den Frieden schützt, in Wirklichkeit aber eine tödliche Bedrohung für alle darstellt. Kinder, die ihre Spielwelt mit faszinierenden Wunderwaffen ausstatten, die keinen Fasching vorbeigehen lassen, ohne in Scharen als ballernde Cowboys aufzutreten, sind für unseren ehrlichen Wunsch, zu etwas mehr Friedfertigkeit auf der Welt beizutragen, eine arge Herausforderung.

Was macht Waffen für Kinder immer wieder so faszinierend? Kinder erleben sich oft als machtlos. Sie sind klein, schwach, dem Imponiergehabe Älterer oder den Entscheidungen Erwachsener wehrlos ausgeliefert. Sich mit Kopf oder Fäusten durchzu-

Eine Waffe gibt dem Schwachen die Chance, den Starken zum Zittern zu bringen. Aber früher oder später müssen Kinder ihren Konflikt trotzdem ausdiskutieren, weil Waffen nur zum Fürchten taugen.

setzen, erscheint aussichtslos. Aber mit einer Pistole kann auch ein Kleiner einen Großen einfach umpusten. In einer Kultur, die insbesondere von Jungen nach wie vor erwartet, daß sie überlegen, daß sie „ganze Kerle“ werden, regt diese Möglichkeit eben die Phantasie besonders an.

Waffen im Kinderzimmer sind deswegen so gefährlich, weil mit ihrem täglichen Umgang die Hemmschwelle sinkt, sie gegen Menschen zu richten

Und erfunden haben ja die Kinder diese Waffen nicht – sie haben sich von den Erwachsenen abgeguckt, was die an Mitteln, sich Macht zu verschaffen und durchzusetzen, so zu bieten haben. Sie brauchen dazu nur abends ein paarmal die Tagesschau anzusehen, in einem Manövergebiet durch die Straßen zu gehen oder bei lautem Getöse in den Himmel zu sehen.
Was also tun, wenn die erste Pistole, die erste Weltraum-Wunderwaffe im Kinderzimmer auftaucht?

„Dieses Zeug kommt mir gar nicht erst in die Wohnung“, höre ich oft Eltern kleinerer Kinder sagen. Was aber, wenn sie größer werden und sich Gewehr oder Schwert vom Taschengeld kaufen? Über Taschengeld darf ein Kind doch völlig frei verfügen – oder? Ich kann mich zwar weigern, Spielzeugwaffen zu kaufen oder zu reparieren. Verhindern, daß Kinder sie besitzen, kann ich es auf die Dauer nicht. Und sie werden sie besitzen, denn die Faszination dieser Macht verleihenden Attribute ist auch durch die überzeugendste Erziehung zunächst nicht aufzuheben.

Ist es wirklich sinnvoll, Spielzeugwaffen im Kinderzimmer einfach zu verbieten?

Vielleicht wäre es doch besser, schlicht und einfach alle Waffen im Kinderzimmer zu verbieten?

Ich habe Achtung vor Eltern, die das durchhalten, halte selbst aber nicht viel davon. Ich erinnere mich da an die kleine Tochter eines Pfarrers, die auf dem Spielplatz begierig die Pistolen ihrer Spielkameraden probierte, weil sie so was zu Hause nicht haben durfte. Ich erinnere mich auch recht gut an das Versteck hinten im Nachbarsgarten, wo die Kinder ihre Panzer und Soldaten verbuddelten, die das Zeug nicht nach Hause bringen durften. Was habe ich davon, wenn mein Kind seine Vorliebe für Kriegsspielzeug vor mir verbirgt? Wenn ich nicht erfahre, was es tut, nehme ich mir die Möglichkeit, mich mit ihm darüber auseinanderzusetzen.

So gesehen ist jede Waffe im Kinderzimmer eine Gelegenheit, mit ihm über Waffen, über meine Erfahrungen mit ihnen, meine Sorgen und Ängste zu reden.

Der tägliche Umgang mit der ganz alltäglichen Gewalt im Fernsehen setzt die Hemmschwelle herab und läßt Kinder leichter selbst zum Mittel der Gewalt greifen.

Auf das Spielen mit Waffen ist Strafe die falsche Reaktion

Ein anderes Argument, das oft von denen angeführt wird, die Waffen eher dulden als verbieten wollen, kann ich allerdings nicht akzeptieren. Das Spielen mit Waffen, so wird behauptet, diene der ungefährlichen Aggressionsabfuhr. Lieber den Spielkameraden symbolisch erschießen, als ihm wirklich eine runterzuhauen.
Aber wissenschaftliche Untersuchungen stützen diese Theorie der Abreaktion nicht. Sie beweisen vielmehr, daß das Spiel von Kindern aggressiver wird, sobald Waffen als Spielangebot vorhanden sind.

Wünschenswert also finde ich Waffen im Kinderzimmer niemals. Ich möchte sie nur nicht durch Verbote verdrängen, sondern ihre Faszination durch Überzeugung langsam überwinden.

Es muß auch gesagt werden, daß die meisten jüngeren Kinder, wenn sie miteinander Krieg spielen, wirkliche Aggression, wirkliche Grausamkeit gar nicht meinen. „Wir spielen doch nur!", mögen sie dem besorgten Vater, der entrüsteten Mutter entgegenhalten. Und wenn da im Eifer des Gefechts der zum Gewehr umfunktionierte Stock im Gesicht des „Gegners" eine blutende Schramme hinterlassen hat, wenn also Spiel und Realität sich einmal berühren, dann ist der Schreck auf beiden Seiten meist groß.

Nicht die Aggressivität dieser spielenden Kinder halte ich für das Kernproblem, sondern die langsame Ausbildung und Festigung bestimmter Einstellungen, daß Waffen nun mal zum täglichen Leben gehören, daß sie auf wünschenswerte Weise Macht verleihen, daß sie eben doch ein geeignetes Mittel sind, Konflikte zu lösen.

Außerdem befürchte ich, daß die Hemmschwelle für den ernsthaften Gebrauch von Waffen gegen Menschen durch den ständigen spielerischen Umgang mit ihnen herabgesetzt wird. Hier also müssen wir mit unserer Überzeugungsarbeit, mit unseren Gegenvorstellungen, auch mit unserem Beispiel ansetzen. Denn Abrüstung nur im Kinderzimmer, das geht nicht!

Nicht die Aggressivität spielender Kinder ist das Kernproblem, sondern die allmähliche Ausbildung und Festigung der Einstellung, daß Waffen zum Leben gehören.

Wie man fachgerecht die Pistole hält, das guckt man sich am besten im Fernsehen an.

Taschengeld für sinnlose Dinge – darf man so etwas erlauben?

Daß Kinder Taschengeld bekommen sollten, finden die meisten Eltern heute selbstverständlich. Die Kinder sollen lernen, selbständig mit Geld umzugehen, seinen Wert einzuschätzen, es sinnvoll einzuteilen, sollen lernen, daß die Erfüllung eines größeren Wunsches Sparsamkeit bei einigen kleineren voraussetzt. Aber Kinder sollen mit diesem Taschengeld auch die Möglichkeit haben, sich gelegentlich Wünsche zu erfüllen, für die sie bei den Eltern kein Gehör finden. Sie sollen ein Stück Autonomie bekommen, nicht ständig um die Erfüllung kleinerer Wünsche bitten müssen.

Ab wann ist Taschengeld sinnvoll?

Als grober Richtwert: um die Einschulung herum. Manche möchten es schon eher, besonders, wenn sie ältere Geschwister haben; andere vergessen es noch ständig bis in die zweite, dritte Klasse hinein. Die kritischste Frage ist immer:

Wieviel Taschengeld soll es geben?

Kinder, die an keiner Bude vorbeikommen, ohne etwas zu kaufen, haben zuviel Taschengeld.

Ich möchte ein paar Grundsätze aufzählen, nach denen jede Familie ihre eigenen Maßstäbe finden muß:
Es wird schwer sein, ein Kind aus pädagogischen Gründen knapp zu halten, wenn die Eltern bei der Erfüllung eigener Wünsche großzügig sind. Wer dagegen selbst scharf kalkulieren muß, kann das leichter auch seinem Kind nahebringen. Andererseits möchten wir natürlich nicht schon die Kinder in „arme" und „reiche" unterteilen – deshalb empfiehlt sich ein bißchen auch die Orientierung an dem, was üblich ist – üblich unter Bekannten, denen man pädagogischen Verstand zutraut, denn nicht alles, was üblich ist, ist auch vernünftig. Kinder jedenfalls, die an keiner Bude vorbeikommen, ohne etwas zu kaufen, oder Kinder, die die Reste ihres Taschengeldes achtlos in der Wohnung verstreuen, die haben zuviel Taschengeld! Wichtig für Ältere ist auch die Frage, was denn von diesem Taschengeld bestritten werden soll. Ist es wirklich nur für die Erfüllung eigener Wünsche da, oder muß auch das Futter fürs Meerschweinchen, der Klebstoff für die Modellautos, das Geburtstagsgeschenk für

Wenn mit dem Taschengeld unsinnige Auflagen verbunden sind, können Kinder ziemlich „erfinderisch" werden.

die Freundin davon bestritten werden? Es ist sinnvoll, älteren Kindern auch solche zweckgebundenen Ausgaben zu überlassen, damit sie das Geld verantwortungsvoll einzuteilen lernen. Aber dann muß es natürlich entsprechend höher bemessen sein – wie hoch, das müßten Sie in ein paar „Testwochen" selbst feststellen. Aber um nach dieser längeren Vorrede doch einen gewissen Anhaltspunkt zu geben: An frei verfügbarem Geld sollte ein etwa sechsjähriges Kind vielleicht 50 Pfennige oder 1 DM in der Woche bekommen, ein zehnjähriges 2-3 DM.

Unter Geschwistern taucht oft die Frage auf, ob Jüngere weniger bekommen sollten als Ältere. Bei großem Altersunterschied finde ich das berechtigt, denn da sind auch die Bedürfnisse und die Fähigkeiten zur Einteilung unterschiedlich. Geschwister mit geringem Altersunterschied würde ich das gleiche geben, um die meist ohnehin vorhandenen Konkurrenzgefühle nicht zusätzlich zu nähren. Probleme gibt es oft auch mit der Frage:

Was darf, was soll vom Taschengeld gekauft werden?

Hier sollte die eiserne Regel gelten: Das Taschengeld – oder zumindest ein bestimmter Sockelbetrag davon – steht völlig zur freien Verfügung des Kindes. Es ist nicht erlaubt, dem Kind Vorschriften zu machen oder es zum Sparen anzuhalten, wenn es

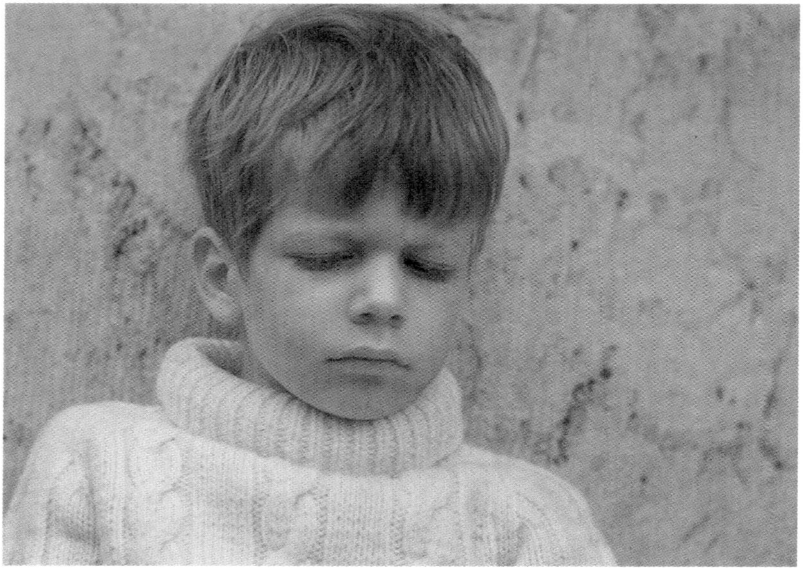

Wer sich entschließt, seinem Kind Taschengeld zu geben, darf dieses nicht zum Mittel der Erpressung machen. Taschengeld ist nicht Belohnung, sondern ein „Lernwerkzeug" für das Kind.

das nicht selbst will. Wer es nicht aushält, daß diese Summe „sinnlos" ausgegeben wird, der hat sie zu hoch bemessen, denn das ist der Sinn des Taschengeldes, daß das Kind selbst entscheiden darf, bevor es lernt, von dem, was es hat, einen klugen Gebrauch zu machen.

Das heißt freilich nicht, daß sie jede Entscheidung des Kindes kommentarlos hinnehmen müssen. Wenn es sein Geld in Panzer und Pistolen investiert, dürfen Sie ihm durchaus klarmachen, wie scheußlich Sie das finden. Ob Sie es trotzdem gewähren lassen, wenn es dabei bleibt, ist eine Gewissensfrage. Ich würde es tun.

Wenn Taschengeld zur freien Verfügung stehen soll, darf es auch nicht abhängig sein vom elterlichen Wohlwollen oder vom Wohlverhalten des Kindes.

Taschengeldentzug ist eine autoritäre Strafe!

Es ist eine Strafe, die vielleicht gefügig macht, bestimmt aber auch wütend auf die Eltern, die ihre Macht ausspielen. Was würden Sie sagen, wenn Ihnen Ihr Chef für eine vorlaute Bemerkung zehn Mark vom Gehalt abziehen würde?

Haben Sie ein Herz für Sammler?

In einem Vortrag habe ich einen Anthropologen einmal sagen hören, seiner genetischen Ausstattung nach befinde sich der Mensch nach wie vor auf der Stufe der Jäger und Sammler. Dieser Satz ist mir unzählige Male eingefallen, wenn ich mit dem Chaos im Kinderzimmer konfrontiert war. „Jäger und Sammler" habe ich gedacht, wenn ich überall verstreute Kronenkorken in Dosen schaufelte, mit einem der Söhne einen verzweifelten Disput darüber führte, ob ausgekaute und wieder eingewickelte Kaugummis gesammelt werden dürfen oder nicht, wenn ich eine Schranktür ganz schnell wieder zumachte, weil die unsortierte Flut des Aufgehobenen sich zu erbrechen drohte. Da werden Reklameprospekte gesammelt und bunte Aufkleber, Steine, Blätter, Blech- und Pappdosen, Kastanien, leere Tintenpatronen und Garnrollen, Bonbonpapiere und tote Käfer. Alles sinnloser Müll, oder?

Wer kein Sammler ist, wird niemals begreifen, daß es fast nichts gibt, woraus sich nicht Sammelleidenschaft entwickeln läßt.

Haben Sie sich schon einmal ein farbig transparentes Bonbonpapier vor das Auge gehalten und dadurch die ganze Welt in einem anderen Licht gesehen? Haben Sie den kunstvollen Druck eines Reklameprospekts für Porzellanteller bewundert oder die Form und die bunte Bebilderung einer leeren Keksdose? Wir Erwachsenen haben es leider verlernt, über all dies zu staunen. Wir wissen allerdings auch, daß wir in kurzer Zeit von Aufgehobenem überschwemmt werden, wenn wir es nicht nach Gebrauch schnell wieder wegwerfen. Aber ist das deswegen normal? Im Grunde haben nicht unsere Kinder, sondern wir die verfehlte Einstellung zu den Dingen. Wir produzieren schöne, interessante, vielleicht auch noch einmal nützliche Gegenstände, um sie sehr schnell und zum Schaden aller wieder in den Müll zu geben. Hier muß sich einiges ändern. Den Kindern sollten wir keine Vorwürfe machen, wenn sie alles sammeln. Gegen Chaos im Kinderzimmer hilft das freilich zunächst überhaupt nicht. Auch unsere Kinder sind der Überfülle des zu Recht als schön oder interessant Angesehenen nicht gewachsen. Und ihre Geduld reicht selten aus, das Gehortete sinnvoll zu sortieren. Aber sie müssen wohl erst selbst erlebt haben, daß sich ein Schrankfach nach dem anderen füllt mit Dingen, die man nie wieder ansieht oder benutzt, zwischen denen schließlich auch das wenige verschwindet, an das man sich erinnert, das man dann vergeblich sucht. Erst dann sind Verhandlungen über Wegwerfen und Sortieren

Es gibt so viele Herrlichkeiten, daß man oft vor lauter Staunen ganz überwältigt ist. Und das schöne Zeug soll man dann im Schrank verstauen, womöglich sogar auf dem Speicher? Ein richtiger Sammler macht da nicht mit – er sitzt stundenlang inmitten seines Sammelsuriums…

erfolgversprechend. Bei Meinungsverschiedenheiten bewährte sich bei uns folgendes Verfahren: Was ich vorschlug wegzuwerfen, wovon sich die Kinder aber noch nicht so recht trennen konnten, kam in einen Karton. Wenn er voll war, wurde er geschlossen, mit Datum versehen und in eine Ecke gestellt. Hatte nach einer vereinbarten Zeit – vielleicht einem halben Jahr – niemand mehr einen Blick in diesen Karton geworfen, konnte er weggeworfen werden.

Vor eigenwilligen elterlichen Wegwerfaktionen möchte ich dringend warnen. Selbst wenn Sie besten Gewissens versuchen, mit den Augen des Kindes auszusortieren, Sie erwischen garantiert etwas Falsches. Es gibt Tränen und bittere Vorwürfe, und das Vertrauensverhältnis bekommt einen Knacks.

Vielleicht gelingt es mit Überzeugungskraft und gemeinsamer Aktion, das, was unbedingt aufgehoben werden muß, wenigstens einigermaßen zu sortieren. Kleine stapelbare Sortierkästen, wie sie für Nägel und Schrauben in Baumärkten angeboten werden, aber auch viele Büchsen und Schachteln, die sowieso gesammelt werden, können da helfen. Und irgendwann steckt dann die so in Bahnen gelenkte kindliche Sammelwut vielleicht auch Sie an. Oder haben Sie noch nie vom Urlaub am Strand tütenweise bunte Kiesel nach Hause gebracht, interessante Bierdeckel in Re-

Eigenmächtige elterliche Wegwerfaktionen bringen nur Wut und Tränen – aber die Sammelwut läßt sich so auch nicht stoppen.

staurants eingesteckt oder Bekannte um die Limonadendeckel mit den Sammelbildchen gebeten?

Hier allerdings kommt ein nicht immer erfreuliches merkantiles Interesse der kindlichen Sammelwut ins Spiel. Wenn Sie von Ihren Kindern gedrängt werden, unvertretbare Mengen eines bestimmten Nahrungsmittels kaufen zu sollen, weil ein anscheinend besonders seltener Aufkleber noch in der Sammlung der Kinder fehlt. Oder wenn beim Tausch der tütenweise zu kaufenden Sammelbildchen einige wenige unauffindbar bleiben und nur gegen teures Geld einzeln bestellt werden können. Hier werden Sie es mit hartnäckiger Verbraucheraufklärung versuchen müssen. Um die zu Beginn einer solchen Aktion oft großzügig verteilten Sammelalben machen Sie einen großen Bogen. Ist eines aber erst mal da, werden auch Sie sich der Sammelleidenschaft wahrscheinlich nicht entziehen können. Auch wir sind schließlich noch immer Jäger und Sammler.

Haben Sie eine Alternative zum Fernseher bereit?

Kinder und Fernsehen, ein oft diskutiertes Thema.
Fernsehen ist schädlich für Kinder.
Kinder sollten so wenig wie möglich fernsehen, aber warum eigentlich?

Ich möchte das, was Kindern vor dem Fernsehschirm widerfährt, einmal genauer beschreiben, damit es Eltern leichter fällt, selbst zu entscheiden, ob, wann und wie lange sie ihre Kinder vor dem Fernseher sitzen lassen wollen.

Das Kind vor dem Fernseher erfährt ein Leben aus zweiter Hand – es spielt nicht, es läßt spielen.

Das Kind vor dem Fernseher, selbst wenn es spezielle Kindersendungen ansieht, erfährt ein Leben aus zweiter Hand. Es spielt nicht selbst, es läßt spielen. Es löst nicht selbst soziale Konflikte, es sieht zu, wie andere das tun. Es bekommt Themen vorgesetzt, die es sich nicht selbst ausgesucht hat, Fragen beantwortet, die es nicht selbst gestellt hat. Das heißt, es ist nicht aktiv und neugierig auf diese Dinge gestoßen, es ist darauf gestoßen worden. Geschieht das immer wieder, gewöhnt es sich

Beim Vorlesen kann man innehalten, fragen, lachen, von vorn anfangen, weil es so schön war. Man kann sich eine Stelle fünfmal oder zehnmal vorlesen lassen.

daran: fragt, sucht, spielt, probiert nicht mehr selbständig, sondern wartet ab, was man ihm denn so zu bieten hat.

Auch in seinen Gefühlen wird das fernsehende Kind „ferngesteuert“. Es lacht, wenn etwas Lustiges über die Scheibe flimmert, erschrickt, wenn etwas Bedrohliches passiert, wird traurig, wenn die Geschichte eine böse Wendung nimmt. Wie lange es lacht, wann es erschrickt oder traurig wird, hängt nicht von ihm und seiner sozialen Umgebung ab, sondern vom Fernsehprogramm. Kann man unter diesen Bedingungen lernen, mit seinen eigenen Gefühlen umzugehen?

Kinder brauchen länger als Erwachsene, wenn sie fernsehen

Das Programm gibt auch das Tempo vor, mit dem das Kind von einem Thema zum anderen fortzuschreiten hat. Es bestimmt nicht selbst, wie lange es bei einer Sache verweilt, es kann nicht anhalten, nicht nachdenken, nicht wiederholen. Erinnern Sie sich, wie oft dies vorkommt, wenn ein Kind selbständig spielt?

Dann können Sie ermessen, was es bedeutet, diese Möglichkeiten nicht mehr zu haben.
Je jünger ein Kind ist, desto größere Probleme hat es mit diesem vorgegebenen Tempo. Kinder unter 4 Jahren brauchen besonders viel Zeit, um selbst bekannte Gegenstände auf Bildern wiederzuerkennen. Sie hinken deswegen beim Zuschauen geistig ständig hinterher. Sie sind in Gedanken noch beim ersten Bild, da läuft schon das zweite; dadurch entgeht ihnen der Sinn des zweiten, und sie können das dritte überhaupt nicht mehr verstehen. So verknäult sich das Gesehene oft zu einem Wust nicht ganz erfaßter Bilder.
Da das Ganze aber oft von dramatischer Musik oder lauten Geräuschen begleitet wird, die unmittelbar auf das Gefühl wirken, aber keinem bestimmten Ereignis mehr fest zugeordnet werden können, werden kleine Kinder oft diffus geängstigt oder nervlich überreizt. Versuchen Sie sich einmal vorzustellen, man spielte Ihnen einen Film, dessen Inhalt Sie unbedingt erfassen wollen, viel zu schnell vor. Meinen Sie nicht auch, daß Sie bald völlig überreizt wären?
So ähnlich geht es auch noch älteren Kindern, wenn sie einem Film zu folgen versuchen, der nicht für sie gedacht ist. Sie verstehen vieles nicht, können aber nicht anhalten und nachfragen oder nachdenken. Es geht weiter und immer weiter. Nun helfen sich viele Kinder aus diesem Dilemma, indem sie einfach geistig „aussteigen", das Ganze weiterlaufen lassen, ohne das Bemühen, wirklich zu folgen. Das schützt sie zwar vor Überreizung, erzieht sie aber zu einer Haltung, die mindestens in der Schule zu Schwierigkeiten führen wird.

Ein spannendes Buch kann sehr aufregend sein. Man kann es aber beiseite legen, ohne daß man etwas versäumt.

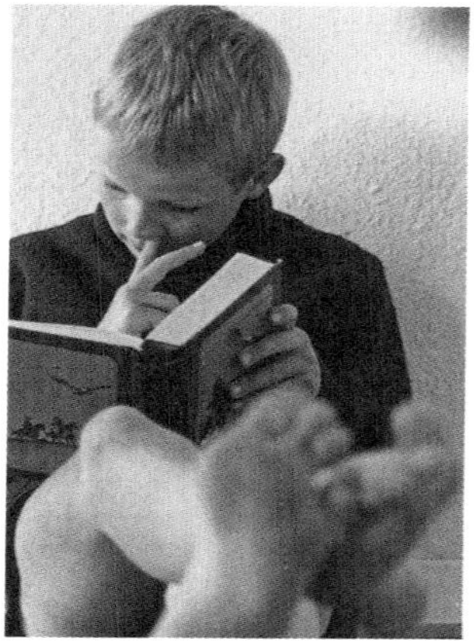

Oft stellen Eltern fest, daß ihre Kinder vor dem Fernsehschirm an den Nägeln kauen, an irgend etwas herumzupfen, vielleicht auch ständig etwas essen oder trinken müssen. Kindern unter etwa zehn Jahren entspricht langes Stillsitzen überhaupt nicht. Sie sollen und müssen sich bewegen, aktiv tätig sich mit der Umwelt auseinandersetzen. Vor dem Fernseher haben sie diese Möglichkeit nicht.

Beim Fernsehen werden Kinder in ein Geschehen hineingezogen, das sie in höchste Alarmbereitschaft versetzt

Ein Ventil wird dabei nicht angeboten: die Kinder müssen passiv bleiben. Die Handlung wird ohne ihr Zutun geregelt. Die Dramatik des Geschehens weckt oft heftige Gefühle in ihnen, ihr Hormonhaushalt reagiert, als müßten sie kämpfen oder fliehen, aber sie müssen statt dessen still sitzen bleiben. Wo sollen sie da mit ihrem Bedürfnis nach Aktivität hin? Selbst wenn sie aufgeregt zu reden anfangen, werden sie vielleicht von anderen ausgeschimpft, die ungestört zusehen wollen. Dabei wäre dies wenigstens eine Möglichkeit, das Vorgeführte leichter zu verarbeiten, einen kritischen Abstand zu gewinnen.

Aber warum, mögen Sie fragen, sind Kinder denn so scharf aufs Fernsehen, wenn es ihnen so wenig bekommt? Kennen sie denn genug andere Möglichkeiten? Haben sie erfahren, daß Vorlesen oder Erzählen viel gemütlicher ist, weil man da anhalten, nachfragen, zurückblättern oder gar die Geschichte selbsttätig verändern kann?

Die beste Methode, ein Kind vom Fernsehen abzuhalten, ist immer noch die, ihm etwas Attraktiveres anzubieten.

Selbst wenn man schon längst selbst lesen kann, macht Vorlesen noch immer großen Spaß.

Ärger mit Spielregeln – läßt sich das ändern?

Sie kennen die Situation sicher auch: Da setzen sich Eltern und Kinder zu einem Gesellschaftsspiel zusammen, aber sobald es ans Verlieren geht, gibt es Streit, nimmt eines übel, will nicht mehr mitspielen. Was als Spaß für alle gedacht war, endet in Ärger und Tränen.
Was kann man tun – den Spielverderber strafen?
Das Kind gewinnen lassen?
Solche Spiele meiden?
Ab wann kann man von einem Kind erwarten, daß es das Verlieren gelernt hat?

Wenn Kinder sich Spiele ausdenken, gibt es nur Gewinner, es sei denn, die Erwachsenen verlieren die Nerven...

Sich objektiven Spielregeln unterwerfen zu können, von den eigenen Wünschen abzusehen und festzustellen, daß trotz aller Bemühungen der andere gewonnen hat, ist zunächst mal eine Sache der geistigen Reife. Ein Kind, das nicht mindestens vier oder fünf Jahre alt ist, wird dazu kaum in der Lage sein. Das jüngere Kind sieht die ganze Welt aus seiner Perspektive. Es glaubt, daß die Sonne scheint, damit es darin spazierengehen kann, daß Blumen wachsen, damit die Menschen sich darüber freuen können. Es ist aber auch nicht in der Lage, sich in andere Menschen hineinzuversetzen. Was es selber denkt und wünscht, das denken und wünschen auch die anderen. Wieso also soll es ein Spiel verlieren, wenn es sich doch so große Mühe gegeben hat, es zu gewinnen?

Verlieren können ist aber nicht nur eine Sache des Verstandes, es ist vor allem auch eine Sache der Gefühle. Trotz großen Engagements erfolglos zu bleiben, Erfolg und Anerkennung neidlos einem anderen zu gönnen, fällt nicht nur kleinen Kindern, sondern auch vielen Erwachsenen sehr schwer. Meine Großmutter hat bis ins hohe Alter gelegentlich das „Mensch ärgere dich nicht“ zusammengeschmissen, wenn sie glaubte, ungerecht verloren zu haben. Es soll auch schon böse Tätlichkeiten bei „Monopoly“ unter Erwachsenen gegeben haben.
Ist es denn wirklich eine notwendige Kulturleistung, sich zwar in solche Situationen immer wieder mit Eifer zu begeben, Gefühle der Enttäuschung bei Mißerfolg aber nicht aufkommen zu lassen?

**Gemeinsames Spielen macht Spaß. Jeder legt sich ins Zeug, so gut es geht – auch mit Spaß.
Warum, fragen Kinder, wird man für den einen Spaß belohnt und für den anderen als Verlierer hingestellt?**

Manche Eltern mögen argumentieren, ein Kind, das in die Schule komme, müsse solchen Konkurrenzsituationen gewachsen sein. Schließlich wird es dort mit Zensuren konfrontiert, und jede gute Zensur für ein Kind bedeutet ein Verlieren für alle, die eine weniger gute bekommen. Aber genau dies wird ja auch zunehmend kritisiert. Viele Eltern und Lehrer versuchen inzwischen durchzusetzen, daß in der Grundschule, wie in anderen Ländern auch, keine Zensuren mehr gegeben werden. Jedes Kind soll sich über seinen eigenen Leistungsfortschritt freuen dürfen, ohne sich ständig mit anderen vergleichen zu müssen. Wie wichtig ist also diese Einübung im Aushalten von Mißerfolgen auch noch im Spiel?

Jede Kultur hat die Spiele, die zu ihr passen. „Mensch ärgere dich nicht" – „Malefiz" – „Schwarzer Peter" – „Monopoly" – „Dame" und „Mühle" sind typisch für unsere Kultur. Die Mitspielenden treten in heftige Konkurrenz zueinander, versuchen nicht nur, jeweils der beste zu sein, sondern den anderen auch noch nach allen Regeln der Kunst zu übervorteilen oder zu ärgern. Und der, der übervorteilt oder geärgert wird, darf es sich nicht anmerken lassen, sonst ist er ein Spielverderber.
Aber was machen wir nun daraus – werfen wir sie alle weg, diese Spiele, in denen es nur darum geht, Gewinner oder Verlierer zu sein?

Auf manches Konkurrenzverhalten fördernde Spiel sollten Sie verzichten

Um „Monopoly" täte es mir überhaupt nicht leid – muß man wirklich auch noch im Spiel mit Mieten wuchern, Reichtümer anhäufen und Ärmere ausbeuten?
Aber man kann zum Beispiel „Memory" auch so spielen, daß jeder sich freut über das Päckchen Karten, das er zum Schluß in der Hand hält, vielleicht auch darüber, daß es schon mehr sind als beim letzten Mal. Es muß nicht unbedingt nachgezählt werden, wer die meisten hat. Auch bei „Halma" oder „Schach" kann man sich über besonders gelungene Konstellationen mehr freuen als übers Gewinnen, sich gegenseitig Tips fürs Weiterspielen geben, anstatt schadenfroh auf eine Unaufmerksamkeit des anderen zu warten. Viele Eltern versuchen für sich einen Ausweg aus dem Dilemma, indem sie das Kind meistens gewinnen lassen. Das mag bei sehr kleinen Kindern, (wenn man mit denen überhaupt Konkurrenzspiele spielen muß), angebracht sein. Bei

Älteren drückt es im Grunde Geringschätzung aus und ist auch unehrlich. Die Eltern bringen die Kinder in diese kritische Situation, stellen auch nicht in Frage, ob man sie eigentlich bewältigen muß, trauen dem Kind diese Bewältigung aber nicht zu. Kinder, die nicht verlieren können, die man deshalb oft gewinnen läßt, ahnen oft zumindest, daß nicht alles mit rechten Dingen zugeht. Das ist ihnen lieber als Verlieren, es ist aber nicht dazu angetan, ihr Selbstvertrauen zu stärken. Dann ist es doch konsequenter, solche Spiele zu meiden, oder für den eigenen Gebrauch die Spielregeln so zu ändern, daß nicht Verlieren oder Gewinnen, sondern Spaß und Mitmachen die anerkennenswerten Bestandteile des Spiels sind.

Es geht nicht mit rechten Dingen zu: entweder gewinnt das Kind und weiß nicht warum – oder es verliert, und weiß noch weniger warum.

Dann erzieht mich mal schön…

Register

Abneigung 29
Abreaktion 77
Aggressivität 78
Alleinerziehende 26
Anschein grundsätzlicher Überlegenheit 16
Arztbesuch 6
Ausgaben, zweckgebundene 81
Auslachen 9
Aussage verweigern 65
Aussteigen, geistiges 88
Aversion gegen Wasser 38
Bedürfnis nach Aktivität 89
Bedürfnisse der Eltern 25
Begriffe, moralische 32
Behandlung von Kindern und Erwachsenen 44
Benehmen, gutes 32
Besuch machen 45
Bilderflut beim Fernsehen 88
Chaos im Kinderzimmer 83
Cowboys 75
Dankbarkeit 29
Dankbarkeit ausdrücken 41
Dreck, Lust am 36
Dressur 19
Drohungen 11
Ehrlichkeit 59ff.
Eltern-Kind-Beziehung 26
Entdeckungsreisen 71
Erfahrungen, eigene 69
Erzählen 89
Erziehungsalltag 25
Essen gehen 47
Faxen machen 46
Fehler eingestehen 15
Ferkel-Phasen 38
Fernsehen 86
Fernsteuerung des Kindes 87
Feuer 58
Feuerlöschen 58
Freude, ehrliche 40
Freundlichkeit, aufgesetzte 8
Gäste, kleine 48
Gehorchen 33
Gelassenheit 38
Geld, Umgehen mit 80
Geschenk für den Papierkorb 41
Geschichten, selbsterfundene 52
Geschwindigkeit abschätzen 22
Gewaltanwendung, "sanfte" 12
Gewinnen 93
Gewinnen lassen 92
Grenze zwischen Phantasie und Realität 62
Grenzen erkennen 74
Haarewaschen 38
Hänseln 9
Hemmschwelle 78
Höflichkeit 42ff.
Imponiergehabe 75
Intimsphäre kleiner Kinder 28
Ironie, offene 8
Kindchenschema 28
Kinder als Kritiker 16
Kinder belügen 7
Kinderportionen 49
Kindersendungen 86
Kleiderkiste 57
Klingelstreiche 58
Konkurrenzspiele 92
Konsum 66ff.
Kontrollinstanz, innere 59
Kränkungen, vermeidbare 10
Kriegsspielzeug, Vorliebe für 76
Küßchen geben 39
Langeweile, "schöpferische" 24
Laune, schlechte 17f.
Mahnen, ständiges 49
Mimik und Gestik 8
Mißerfolge aushalten 92
Mißgestimmtheit 19
Mitdenker, kritische 16
Mitmachen beim Spielen 93
Mittelpunkt, Kinder im 46
Müll 83
Nägel kauen 88
Nein-Sagen 29
Ordnung 32
Ordnungen anzweifeln 34
Phantasie 52f.
Pistole 75
Rebellieren 33
Regeln f. d. Umgang mit Kindern 16
Regulieren kindlicher Wünsche 69
Reklame, Faszination der 67f.
Rollenspiele 54
Rolltreppen 72
Rücksicht nehmen 47
Sammelbildchen 86
Sammelwut, kindliche 85
Sauberkeit 32
Schimpfwörter 54
Schuldgefühle 13
Schwach und stark sein 53
Selbständigkeit im Verkehr 21
Selbstsicherheit 10
Selbstwertgefühl 10
Situationen, schwierige 54
Spaß beim Spielen 93
Spiele, verbotene 58f.
Spielkameraden, fragwürdige 59
Spielregeln 90
Spinnerei 52, 57
Stillsitzen 48
Stillsitzen, langes 89
Supermarkt 70f.
Taschengeld 66, 80ff.
Taschengeldentzug 82
Tischsitten 49
Toleranz 34
Üben, einsichtiges 20
Überforderungen durch das Kind 74
Überlegenheit ausnutzen 11
Unternehmungslust 36
Verbote 59
Verbundenheit 26
Verfügbarkeit von Eltern 24
Vergleich mit anderen Kindern 92
Verhalten, diszipliniertes im Verkehr 21
Verhalten imitieren 54
Verhältnis zum Körper 37
Verkehrserziehung 19f.
Verknüpfung von Ordnung und Moral 33f.
Verläßlichkeit als Basis 8
Verlieren 93
Verlieren können 90
Verspotten 9
Verwechslung von Konsequenz und Härte 74
Vorlesen 89
Waffen 75ff.
Waffen im Kinderzimmer 76
Wärme, menschliche 28
Waschen 37
Wegwerfaktionen 85
Wegwerfen und Sortieren 83
Weltraumwunderwaffe 76
Wertschätzung 11
Wunsch und Wunscherfüllung 69
Zärtlichkeit 27
Zärtlichkeitsbedürfnis 28
Zeitgefühl, sicheres 72
Zensuren 92
Zickzackkurs 73ff.
Zukunftsangst 13f.
Zündeln 58
Zweckmäßigkeit und Ordnung 35

Literatur

Ballhausen, Ingeborg: Will mein Kind mich ärgern? Südwest Verlag. München 1993
Gürtler, Helga: Angsthasen und Wüteriche. Südwest Verlag. München 1993
Gürtler, Helga: Kinderärger - Elternsorgen. Otto Maier Verlag. Ravensburg 1992
Gürtler, Helga: Kleine Haken im Familienalltag. Südwest Verlag. München 1993
Schuster-Brink, Carola: Kinderfragen kennen kein Tabu. Otto Maier Verlag. Ravensburg 1992
Strätling, Barthold: Streiten, teilen und vertragen. Südwest Verlag. München 1993

Adressen

Deutschland:
Beachten Sie bitte unseren Leserservice. Wir leiten Ihre Anfragen an die jeweiligen Autorinnen und Autoren weiter.
Die Adressen niedergelassener Erziehungsberater/innen vermittelt Ihnen das örtliche Jugendamt. Fragen Sie auch bei Kinderärzten nach. Auch die Wohlfahrtsverbände geben Ihnen Auskunft (örtliches Telefonbuch: Caritas Verband, Diakonisches Werk, Arbeiterwohlfahrt, Deutscher Paritätischer Wohlfahrtsverband).
Selbsthilfegruppen gibt es fast an jedem Ort (siehe örtliches Telefonbuch). Wenn Sie eine zusätzliche Auskunft brauchen: Deutsche Arbeitsgemeinschaft Selbsthilfegruppen, Albracht-Achilles-Straße 65, 10709 Berlin

Österreich:
Institut für Erziehungshilfe, Siebenbrunnenfeldgasse 7, A-1050 Wien, Tel.: 0222/551320, 552751
Familien-Intensivbetreuung des Amts für Jugend und Familie, Linke Wienzeile 182/10, A-1060 Wien, Tel.: 0222/5977004, 5970500
Beratunszentrum für Einzelne, Partner, Familien und Jugendliche, Am Schöpfwerk 29/14, A-1120 Wien, Tel.: 0222/679480
Telefonische Erziehungsauskunft des Amts für Jugend und Familie, Tel.: 0222/3109358 (Mo-Fr 8-11 Uhr)

Schweiz:
Pro Familia Schweiz Suisse Svizzera, Postfach 7572, CH-3001 Bern, Tel.: 031/259030
Landesverband Schweizerischer Kinderfreunde-Organisationen, Sihlmatten 3, CH-8134 Adliswil, Tel.: 01/7107672
terre des hommes schweiz/suisse, Jungstraße 36, CH-4056 Basel, Tel.: 061/3213500
Schweizerischer Verband für erziehungsschwierige Kinder und Jugendliche, Schönbühlstraße 8, CH-8032 Zürich, Tel.: 01/2528622

Hinweis

Das vorliegende Buch ist sorgfältig erarbeitet worden. Dennoch erfolgen alle Angaben ohne Gewähr. Weder Autorin noch Verlag können für eventuelle Nachteile oder Schäden, die aus den im Buch gemachten praktischen Hinweisen resultieren, eine Haftung übernehmen.

Bildnachweis

Bavaria: 50/51, 58 (Malyszko), 78; Foto Anger: 2 oben, 10, 11, 14, 24, 28, 33, 45, 64, 67, 70, 72 li, 77, 81, 89, 90, 93; G.P.A.: 27, 37, U4/oben; Smollich: 35 re, 39, 45, 53, 57; IFA Bilderteam: 20 (Koch); Image Bank: 1, 60/61 (de Lossy), U4/unten; LOOK: U1 (Müller), 7 (U. Seer), 25 (Heeb), 31 (Müller), 91 (Müller); Paxmann: U1/klein, 2 unten, 85, 87, U4/klein; Present: 19 (Vollmer), 22 (Stark), 23 (Gelpke), 42 (Heinemann); Rehm: 17, 30; U. Zeidler: 3, 9, 12, 13, 15, 35 li, 40, 43, 48, 52, 54, 55, 56, 63, 68, 72 re, 75, 79, 82, 84, 88; Willem: 16, 94

Impressum

3. Auflage 1994

Redaktion: Christel Hofmann
Umschlag und Layout: Christine Paxmann, München
DTP/Satz: Tabularasa, München
Druck: Karl Wenschow GmbH, München
Bindung: Conzella, Pfarrkirchen
Printed in Germany

Gedruckt auf chlor- und säurefreiem Papier

ISBN 3-517-01388-9